チームワークの

「あなたが主役」で組織が変わる

大原則

辻 秀一

WAVE出版

はじめに

いきなりですが、みなさんは自分のチームを愛していますか？　簡単ではないかもしれませんが、どんな人もチームか組織に必ず所属しているので、せっかくなら自身も愛せる素晴らしいエクセレントなチームだといいはずです。「そんなの無理……」という声が聞こえてきそうですが、**誰にでも、どんなチームでも「エクセレントチーム（素晴らしいチーム）」になれる可能性があります。**その可能性と方法をこれから詳しくお伝えしていくことになります。

実は**チームづくりはリーダーだけの責任ではありません。**チームはみなさんを含めた全員で成り立っているので、「チームワークの大原則」を、みなさん一人一人が理解し実践していくと、必ず素晴らしいチームになるのです。そんな大原則を本書でわかりやすくお伝えしたいと思っています。

これからの社会は、さらにデジタル化が進み、便利になり、スピード化されたＡＩの時代になることは間違いありません。そんな中でも、いやそんな時代だからこそ、本書でお伝えするチームワークの原則が、みなさん一人一人を豊かにするヒントになると自信を持って申し上げたいと思います。本書を手に取り、お読みになって、自分のチームにおけるあなたのあり方に活かすことができれば、必ずこれまでと違った景色が手に入ることでしょう。

本書のチームワークの大原則は、人の仕組み、すなわち脳の働きに基づくヒューマンリテラシーの原則に沿ったものなので、チームや組織を構成しているのがあなたも含めて人である限り、例外なく誰にでも、どのチームにもこの原則が当てはまります。チームをテーマにした書籍は多々ありますが、**その中でも本書は、新時代におけるチームづくりのバイブルになると断言できます。**ぜひ何度もお読みいただき、ご自身とご自身の所属するチームのためになれば幸いです。

わたしは日々、スポーツドクターという立場で、アスリートやビジネスパーソンのメンタルトレーニングを、人の仕組みや脳の働きに則ってサポートしています。そこで感じるのは、**スポーツの世界では根本的に、この大原則を実践できないと勝てないということです。**

大原則の一例としては、バスケットボールの大人気漫画『スラムダンク』の中で、弱小の県立湘北高校キャプテンのゴリ（赤木剛憲）が強豪の山王工業と戦う試合のタイムアウト中につぶやく言葉が印象的です。**まだ負けているにもかかわらず、試合中に「このチームは最高だ！」と涙ぐむシーン**です。このとき、このチームには何が存在していたのでしょうか？　そこには本書でお伝えする大原則があったに違いありません。

また、**スポーツの世界におけるチームワークの大原則は、ビジネスの世界にも必ず通じるもの**です。それは、どちらも人の営みだからです。みなさんが「このチームは最高だ！」と感じるチームづくりを実践できれば、組織の雰囲気は今よりもご機嫌に明るくなるばかりでなく、、生産性やサステイナビリティー（社会における持続可能性）や、ウェルビーイング（心身ともに満たされた状態）な組織にもつながっていくのです。

前置きはさておき、人の仕組みを理解しながら、その仕組みに従い、人の集まりであるチームを、みなさん一人一人の力で、ご自身を含めたチームメンバー全員が愛すべきチームへと生まれ変わっていく旅を始めていきましょう。全力で応援したいと思います。

辻　秀一

Contents

第2章 チームにはどんな人材が必要なのか？

第3章 リーダーより、リーダーシップがチームをつくる！

第4章

共有レベルを上げて活気あるチームになる！

第5章

協力と成長を生むチームの法則

第6章 自分が愛せるチームをつくっていく！

第1章

チームとは何かを全員で考える！

団体とチームの違いを知ることから始まる！

スポーツに関心のある方もない方も、2024年の夏にパリでオリンピックが開催されたことはご存知でしょう。スポーツの世界最高峰の大会の1つであることは間違いのない事実だと思いますが、わたしがサポートしているアスリートたちもたくさん参加し、それぞれに活躍してくれました。

そんなパリオリンピックを観て、1つ感じたことがあります。そのことをさまざまな企業のリーダートレーニングで述べたところ、とても興味を持っていただいたので、今回、この書籍でもご紹介したいと思います。

パリオリンピックでの日本のオリンピアンたちの試合結果を分析してわかったことは、まず、日本は個人スポーツよりも団体スポーツの方が結果を出しているということです。

例えば、わたしもサポートしている江村美咲さんや飯村一輝くんが出場していたフェンシング競技。日本は個人では1つのメダルでしたが、団体では男女4種目のうちすべてで見事にメダルを取ることができました。体操競技では、もちろん個人の活躍もありましたが、みんなで力を合わせた団体で奇跡の金メダルを獲得しました。陸上は、個人の短距離100メートル走では決勝に進めませんでしたが、団体のリレーではメダルは逃したものの、決勝に進出しています。そして、92年ぶりにメダルを獲得した総合馬術も団体戦です。

近年、個人競技でも結果を出すようにはなってきましたが、わたしたちの感覚でも、そして事実としても、日本はスポーツにおいて、個人よりも団体競技で、結果や成果を出しているのではないでしょうか？

その背景に、日本人はチーム競技に強いのではないか？　と思っている方も多いはずです。実際、わたしもそう考えていました。がしかし、**チーム競技では、日本はさっぱり結果を出せていないことをご存知でしょうか？**　今回のパリオリンピックでも活躍を期待されていたバスケットボールは男女ともに全敗で予選敗退し、サッカーは予選を突破しましたが、男女ともに決勝トーナメント初戦で敗退しました。バレーボールも男女ともに1勝しかできませんでした。その他のチームスポーツは、7人制ラグビーもハンドボールもホッケーも水球も、まったく結果を出すことができませんでした。

そこで、みなさんに質問です。個人よりも団体の方が結果を出している日本人が、なぜチームスポーツでは結果を出していないのでしょうか？ **団体とチームはどう違うのでしょうか？**

わたしは学者や研究者ではないので、あくまで私見ですが、**団体とチームの違いは、足し算と掛け算の違い**だと思うのです。団体は個人競技の一人一人を足し算して戦う。すなわち、個人は小さな1であっても、例えば5人で一人一人がしっかりと自分の役割を真面目に果たし、1＋1＋1＋1＋1＝5にする力が日本人にはあるのではないでしょうか？ 一方、**チームスポーツは掛け算です。自分の役割を果たす1をいくら掛けても、1にしかならないのです。**不揃いの1でも掛け算する関係性が重要になるのがチームなのです。つまり、団体は自分の決められた役割をきっちり果たす、言われたことや命令を「はい」と言ってやり抜いていくことで成り立ちやすいのです。あくまで一般論として、日本人はこのやり方にとても向いているのではないかと思われます。

08 あなたの組織はチームですか？ 団体ですか？

掛け算のチームスポーツは、自分の役割を果たすだけ、言われた命令に従っているだけでは成り立たない構造があります。役割を超えた臨機応変さや流動性、また相互の関係性が常に求められるのがチームスポーツの競技なのです。決められた役割やベンチの指示に従うだけでは成立しないのがチームスポーツと言えるでしょう。

そのため、0・5の人もいれば4・0の人もいる多様性の中で包含《ほうがん》（すべて包み込んで1つにすること）を実現し、その上で掛け算をしていかなければいけないのですが、もしかしたら、わたしたち日本人はそこが苦手なのかもしれないとわたしは思っています。そして、それらを可能にするには、受け身や真面目さだけでは無理なのです。**チームスポーツでは、団体とは違い、一人一人の主体性と、その個性的な個々人を機能させるための高いコミュニケーション能力が求められるのです。**

チームスポーツの中で日本がオリンピックでもメダルを複数回獲得しているのは野球とソフトボールですが、この競技の構造は、実はわたしの今回の定義では、チームではなく団体に近いと言っても過言ではありません。ポジションや打線の役割が決まっていて流動性は低く、ベンチの指示に従ってプレイしていく率が高いように思われます。いわば日本人向きの団体競技の代表が野球やソフトボールなのです。

団体とチームスポーツの例はあくまでも仮説ですが、このような定義で考えるとき、みなさんの所属する組織は団体的ですか？　それともチーム的でしょうか？

日本のスポーツと同じく、社会でも団体的な働き方が今の日本では大多数を占めているのではないかと思われます。特にお役所仕事などはそうかもしれませんし、大企業の組織構造も、これまではそれで成り立ってきたのだと思います。

そして、そのような働き方を生み出していく教育が学校で行われているようにも思います。先生に言われた通りにする、決められた範囲の勉強をする、みんなと同じように行動する、そこから外れると、変わり者だと矯正されるなど、**わたしたちは、チームを構成する個人の主体性やコミュニケーションが育まれにくい環境に置かれている可能性があります。**つまり、日本の教育は団体向きの教育がされているのではないかと推察されます。

それが悪いのかどうかはわかりませんが、パリオリンピックの結果でも、近年のビジネスにおける日本のＧＤＰ沈下の状況から考えても、今のような団体的な働き方では、これからの流動性の高いグローバルで*ＶＵＣＡ《ブーカ》の時代において生き残れない、勝ち抜けないのではないかとわたしは危惧しています。さらに、団体のような働き方を完璧に、または高いレベルで遂行するデジタルやＡＩが登場する時代に、これまでと同じように団体的な働き方しかしていなければ、その人もその組織も死に体になっていくと容易に想像されます。

*ＶＵＣＡ…Volatility（変動性）、Uncertainty（不確実性）、Complexity（複雑性）、Ambiguity（曖昧性）の頭文字を取った言葉で、目まぐるしく変化する予測困難な状況のこと。

今、ＡＩの時代が到来してきているからこそ、これからは**人として真のチームワークを実現できるチームをつくり、そこに所属していく必要がわたしたち全員にあるのだと考えられる**でしょう。この後に述べる「チームワークの大原則」を、あなたをはじめとした一人一人が実行し、掛け算を可能とする素晴らしいエクセレントなチームをつくっていきましょう。

08 チームを構成するものを一人一人が理解する！

それではあらためて「チーム」という視点で、チームを構成する因子を考えてみましょう。その上で、そのチームが有機的に機能していくために必要なことを深掘りしてみたいと思います。

チームを構成するものは3つです。まずは**「個人」**。どんなチームも、やはり個人の集まりです。そして、その個人の集合体がチームになります。サッカーならピッチの上にプレイヤー11人、チーム全体ならスタッフも含めて30人くらいでしょうか？　フロントスタッフもチームの一員と考えたら、50人以上の個人が存在するはずです。ビジネスにおけるプロジェクトチームで考えても、チームは複数の人数で構成されているはずです。

次に、2つめのチームの構成要素は**「全体性」**です。**複数の「個人」が闇雲**

にいても、それはチームとは言えません。何かしら、集まった個人をまとめる全体性があるはずです。バスケットボール日本代表や〇〇大学アメリカンフットボール部というような1つの全体性、〇〇プロジェクトチームという全体性、〇〇会社という1つの全体性が、チームの名前や場所や役割などによって形成されています。

そして、忘れてはならないのが、3つめの**「関係性」**です。**個人が全体性でまとめられたら、そこには必ず関係性が生まれます。個人同士の間に関係性が存在して、1つのチームという全体性をつくっているのです。**

例えば、10人の個人によりつくられている1つのチームにはどのくらいの関係性があるでしょうか？　10×(10－1)÷2＝45の関係性が存在します。50人のチームであれば、50×(50－1)÷2＝1225、もし100人なら4950もの関係性がチームの中にあるのです。人数が増えれば指数関数的に関係性が増していきます。

図1 チームを構成する要素

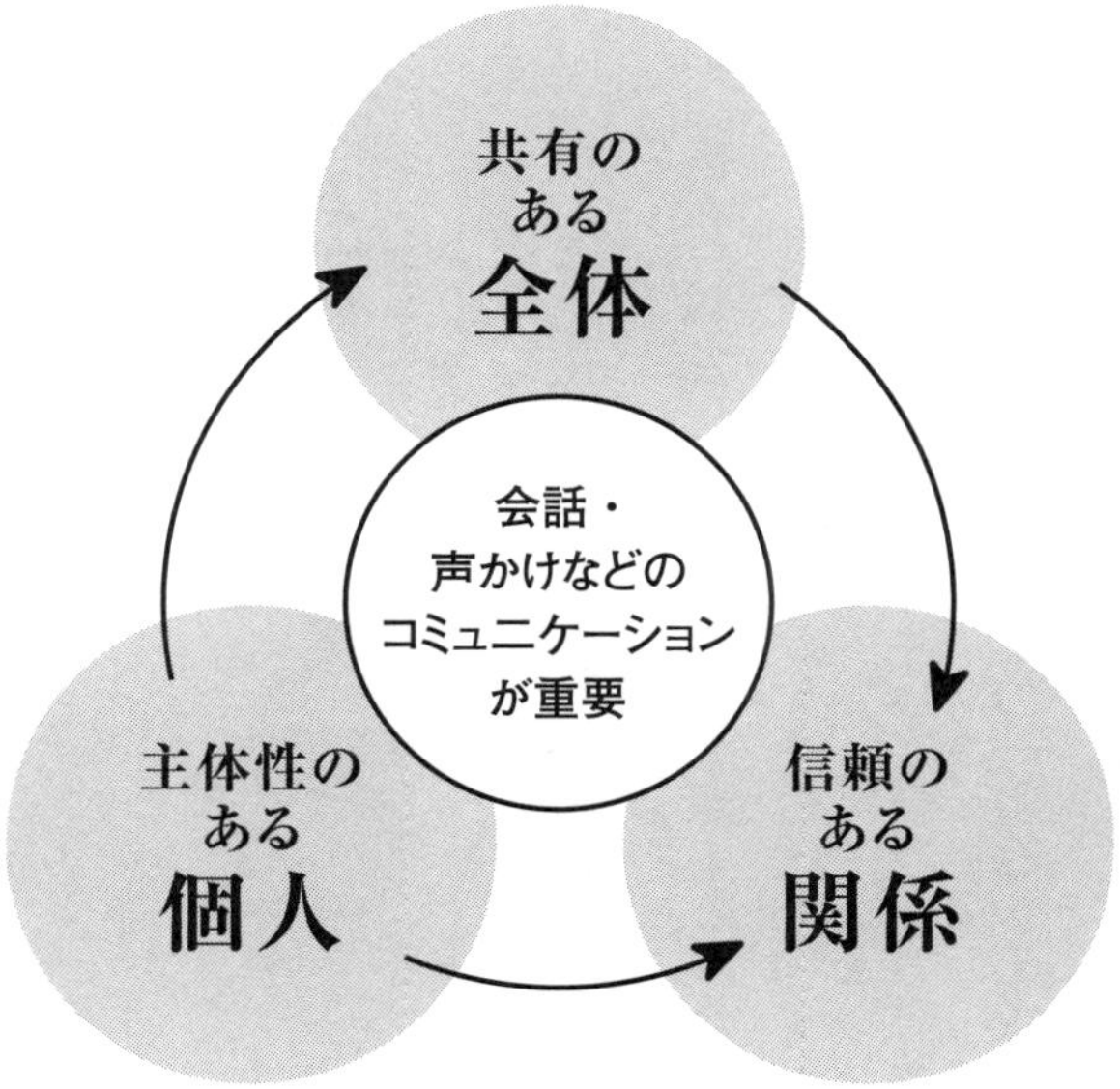

チームという全体性の中には、個人とそれぞれによって形成されている関係性が存在していて、それが全体性となって出来上がっているのだということをあらためて意識してほしいと思います。

◎「素晴らしいチーム」に必要な要素

素晴らしいエクセレントなチームには、個人・全体・関係の構成要素それぞれに大切なキーワードがあります。まず、**個人に必要なキーワードは「自立性」や「主体性」です。**自立した主体性のある個人がいなければチームは機能しません。団体であれば自立性や主体性はそれほど重要視されませんが、**チームには個人の数をはるかに超える関係性が存在しているため、その関係性の質に責任を持つ「自立性」や「主体性」がチームの一員として大切になるのです。**個人の主体性や自立性の本質については第2章で後述するので、そこでしっかりと学んでもらいたいと思います。

次に、**全体性で大切なキーワードは、「共有」です。**全体で共有のレベルを上げなければ、決して素晴らしいチームにはならないでしょう。共有するためには、主体的な個人が積極的にコミュニケーションをしていかなければなりません。当たり前ですが、コミュニケーションなくしてチームワークなしです。コミュニケーションに関しては第4章で詳しく述べたいと思います。

そして、最後は「関係性」についてです。人と人との関係において、チームでは何が大切なのでしょうか？ **チームの構成要因として、個人の何倍も影響してくるのが関係の質、そして中でも関係になくてはならないのが個人の間に存在する「信頼」です。チームには、関係の中に信頼の有無があるかどうかでチームのレベルに差が生じると言っても過言ではありません。**チームは友達や仲良しで出来上がっている組織ではないので、チームで必要な信頼は、好きだからという感情によるものではありません。責任のある主体的な個人とコミュニケーションによる共有が関係に信頼を生んでいくのです。関係に無理やり信頼をつくるのではなく、信頼は、主体性のある個人と共有レベルの高い全体性により育まれて形成されていくのです。

団体であれば、自己完結で自分の役割だけを果たし、言われたことだけをそつなく作業のように実行していれば、コミュニケーションによる全体の共有を自ら生み出す必要などないかもしれません。しかし、団体的なスポーツと述べた野球でも、大谷翔平さんのようにスーパーな主体性と自立性があり、積極的にコミュニケーションしていけば、高い信頼が生まれ、団体もチームとしてより強くなるということをＷＢＣやＭＬＢのドジャースで証明してくれています。

もし、本書をお読みの方がチームの一員として働いていきたいのであれば、本書の大原則の中心を成しているあなたという個人の主体性と自立性を、まず自らが意識して育んでいかれてはいかがでしょうか？　あなたのチームは必ず、そこから変わり始めるでしょう。

つまり、**チームづくりはリーダーの役割ではなく、一人一人の個人の自立性と主体性、そしてそこから生まれるコミュニケーションの力によって生み出されているのです。読者のみなさんにもチームを変えていけるチャンスと責任があるということでもあります。**

スポーツとビジネスのチームづくりは似ている⁉

「チーム」という概念は、ビジネスよりもスポーツの方がイメージしやすいかもしれません。「チームスポーツ」という言葉は、スポーツの得意不得意、好き嫌いに関係なく、誰もが知っている言葉です。一方、「チームビジネス」という言葉は、働く人たちにとっても耳慣れた概念や言葉ではありません。

しかし、ビジネスもスポーツのように、一人だけではできないものです。そして、本書のタイトルである「チームワークの大原則」を、働く人たちが知らなくてよいというわけではありません。**スポーツがビジネスの働き方や成果、あり方に至るまで大いに参考になるという考え方は、実は日本は世界に比べてとても遅れていると言わざるを得ません。**オリンピックをはじめ、MLBや日本代表の試合など、さまざまなスポーツがわたしたちの周りに溢れているにもかかわらず、そこから学ぶ考え方が浸透していないのは、**日本のスポーツの概念として、いまだに「体育」のイメージが強くあることに起因している**のではないかと推察されます。

日本ではすべての人がスポーツの授業ではなく、体育の授業で育っています。加えて、部活においても「文化系」と「体育会系」に分けられています。それらの影響から、スポーツに打ち込む人やスポーツ界で生きている人をプレイヤーやアスリートではなく、「体育会系」と表現してしまう感覚が、わたしたちの脳に強く残っているのです。

例えば「スポーツとは○○である、××ではない」という一文に、みなさんはどのような言葉を入れますか？　わたしは**「スポーツとは文化である、体育ではない」**という考えで仕事をさせていただいています。平成23年に制定されたスポーツ基本法の前文冒頭にも「スポーツは、世界共通の人類の文化である」と書かれていますが、いまだに、まったく社会には浸透していません。「文化」は英語でculture《カルチャー》といいますが、その語源はフランス語系のラテン語で「カルティベイティブ」。人として耕され、人として心豊かに生きるための人間活動という意味だそうです。

一方、体育だと「体だけが育つ」「体だけを育てる活動」になってしまいます。スポーツが文化だとすれば、ビジネスに必要な人のあり方やチームのあり方などを学ぶ素材や共通点が見いだせることが想像できるのですが、それが体育では難しくなります。つまり、**スポーツとビジネスの距離が遠いのは、日本ではスポーツが体育だからに他なりません。**「体育としてのスポーツ」をビジネスがスポンサーサポートするという関係に終わっているのが現状です。

本書を読まれているみなさんには、ぜひスポーツからビジネスや人生に大切なことを学び、人としての豊かさのヒントを手に入れていただきたいと思います。**「チームワークの大原則」も、まさにスポーツから学んでいける大切なテーマの1つなのです。**

スポーツは、チームに大切な「個人の自立」と「全体の共有」と「関係の信頼」という抽象度の高いテーマをはっきりと、わたしたちにわかりやすく伝えてくれます。**チームが自立した個人の集合でなければ勝てないのです。また、全体の共有レベルをコミュニケーションで高めなければ勝てません。そして、関係の質が悪く、信頼がないと負けてしまいます。スポーツは出口が勝ち負けではっきりしているわかりやすい人間活動だからこそ、その結果を構成している定量化しにくい人間的な要素が、より明確に見えてきます。**

勝ち負けがはっきりしていないビジネスでも結果は問われますし、目標の達成が求められるでしょう。そして、そこには**スポーツと同じように人間の営み**

があり、プロセスがあり、個人や関係や全体が存在しているのです。このような視点でスポーツとの共通性が見いだせたら、スポーツを通じたビジネスの方法論ではなく、それを遂行する人や組織・チームのあり方を学ぶためのわかりやすい材料であり素材となるはずです。

文化としてのスポーツが教える「チームワークの大原則」

わたしがスポーツドクターとしての仕事をスタートし、アメリカのスポーツ医学会や応用スポーツ心理学会に参加して初めて、**アメリカでは良いパフォーマンス（生きることや仕事のすべてを含む活動）をするための土台となる心身の健康やWell-being《ウェルビーイング》のヒントがスポーツにあるとされていることを知りました。**また、治療のためではなく、健康増進のためにスポーツ医学やメンタルトレーニングが存在しているのだと理解できたのです。それは**スポーツが文化であり、人として豊かに生きるための人間活動である**という概念がアメリカ社会に深く浸透しているからこそ気づかされたのだと思います。スポーツを体育と考えていれば、体育医学や体育心理学がビジネスや社会のウェルビーイングに役立つとは想像しにくいのは自明の理です。

今回わたしは、**文化としてのスポーツから得られる人間の仕組み、すなわちヒューマンリテラシーを高めて人生をより豊かにしていくお手伝いの一環として本書を執筆しています。**例えば、大谷翔平さんのバッティングや走塁、ピッチングや身体の筋肉は誰も真似できませんが、彼の考え方や脳の使い方、自分の心のマネジメント法、そして彼がいることによってMLBワールドシリーズ優勝に輝いたドジャースのチームワークづくりなど、わたしたちが取り入れられることは少なくないはずです。

チームの構成要素である個人はどのようであればいいのか、どのようなコミュニケーションでどのような共有が大切なのか、そして、どのように関係の質を高めていけばいいのかなど、スポーツから学べることはたくさんあります。

『スラムダンク』はバスケットボールの漫画ですが、キャプテンのゴリが語る「このチームは最高だ！」の背景や、東京オリンピックで唯一団体ではなく球技のチームスポーツとしてメダルを獲得したバスケットボール女子日本代表チームには何があったのか？ ２０２３年のＷＢＣで優勝した栗山ジャパン、サッカー日本代表の森保ジャパンには何があるのかなど、**人やチームの仕組みを知ることに、パフォーマンスを高めるためのヒントが必ずある**とわたしは考えています。**本書では脳の機能や心理学に基づき、スポーツを題材にしながら、すべての人に役立つ「チームワークの大原則」を提供していくつもりです。**

00 チームワークは、人間の仕組みを理解することから始まる

チームワークの原則を述べるにあたり、チームの構成要素を見直してブラッシュアップしていかなければなりません。先述したように、チームは「個人」と「全体性」と「関係性」により構築されていますが、実際に見える形で存在

しているのは、そこにいる「個人」でしかありません。「全体くん」や「関係さん」は存在していないわけで、チームは、あなたを含む「個人」でできています。

「個人」が全体性や関係性に大きな影響を与え、チームを形づくっているのです。

そのような視点でチームを見たとき、個人はそれぞれが人であり、人間であるという事実から離れることはできないでしょう。

そこで、その人自身や人間の仕組みを理解し、マネジメントしていかなければならないのですが、わたしたちはそのマネジメント方法を教育されることもなく、さほど学ぶこともなく、社会に出ています。

みなさんが所属するチームのパフォーマンスを向上させるために、最初に知るべきことは、人間の仕組みである「ヒューマンリテラシー」なのです。このリテラシーが低いことが原因で、チームや組織の中で人間関係の事故が起こっているのだとわたしは考えています。

社会で車を運転しようとする際は、車や交通の最低限のリテラシーを学ぶために教習所へ行き、知識と実技を習得し、テストを受けて免許を取得します。具体的には、車の簡単な仕組み（例えば、車は曲がるときに内輪差が生じることや、100キロで走行中にすぐには止まれないこと）や、交通の仕組み（例えば道路標識が意味していること）などのリテラシーを得て、テストに合格した後に、実践を繰り返して社会で安全に運転できるようになります。それがない、あるいは守れないと事故のリスクが高くなるのです。運転免許と同じようにヒューマンリテラシーも、人間についての詳しい専門家になる必要はありませんが、最低限度、社会で事故を起こさないためのリテラシーの獲得と実施が必要です。

ところが、現代社会では人間のリテラシー、特にチームやそのパフォーマンスを中心とした視点での学びや実践を教習してくれる場がありません。それが理由で、わたしたちはそのリテラシーが不足しているのではないか、そして不足状態のまま社会に出てしまっているのではないかと危惧しています。

本書をお読みのみなさんは、大学の医学部で6年間も人の仕組みを学ぶほどの専門家になる必要はありません。医者も人の専門家ですが、むしろ人の病気に関するリテラシーが高い専門家だと言えるでしょう。わたし自身も、かつて膠原病《こうげんびょう》リウマチ内科や自己免疫疾患の専門医として病院で働いていた頃、人間関係に関するリテラシーなど1ミリも知らずに、多くの事故を起こしてきました。現在の仕事に就き、こうして書籍を執筆したり、メンタルトレーニングを行ったりするようになったきっかけは、医者として一人前になった30歳過ぎの頃に、アメリカで実在するドクターが主人公の『パッチ・アダムス』という実話をもとにした映画を見たことです。このとき「人間の仕組みを何も知らずにこれまで生きてきたのか！」と衝撃を受けたことを今でも覚えています。

その後、わたしはスポーツ医学やスポーツ心理学を学び、脳科学や禅マインドを研究し、ジョン・ウッデンやフィル・ジャクソンといったスポーツ指導者や、世界のオリンピアン、さらにはジャパネットたかたの髙田明さんをはじめとする名物経営者との出会いを通じて、ヒューマンリテラシーを学び、自身のリテラシーを少しずつ磨いていきました。今、わたしの30年近くにわたる学びを、こうしてみなさんにお伝えできることを誇りに思います。

08 「ヒューマンリテラシー」を高めれば、チームはよくなる

さて、チームやチームワークを考える上で、絶対に知らなければならない人間の仕組み「ヒューマンリテラシー」の基本を、簡単に解説していきたいと思います。

まず、スポーツのみならず、現代では人生もビジネスも結果が求められますが、結果を生み出しているのは、その人やそのチームのパフォーマンス（生きることや仕事）です。結果は常にパフォーマンスに基づくものだと言っても過

言ではありません。満足のいかない結果が出たのは、その原因となるパフォーマンスをしていたからに他ならないのです。どんなことでも結果を変えたければ、個人やチームのパフォーマンスを、ほしい結果にふさわしいように変えていかなければなりません。では、パフォーマンスを構成している要素とは一体何なのでしょうか？

それは技術でもお金でも目標の大きさでも戦略でもありません。**すべての人の、すべての瞬間のパフォーマンスは「内容」と「質」で構成されています。**「内容」とは、「何をしているか」ということで、わたしはこれをDo Itと表現しています。内容の「何をしなければならないのか」のためには、技術や知識、スキル、体力、健康などが背景に必要となるでしょう。

「質」とは、どんな心の状態でそれをやっているのかということです。つまり、結局パフォーマンスは「何をするのか」という内容に加え、**心の状態、すなわ**

図2　パフォーマンスは何で構成されているのか？

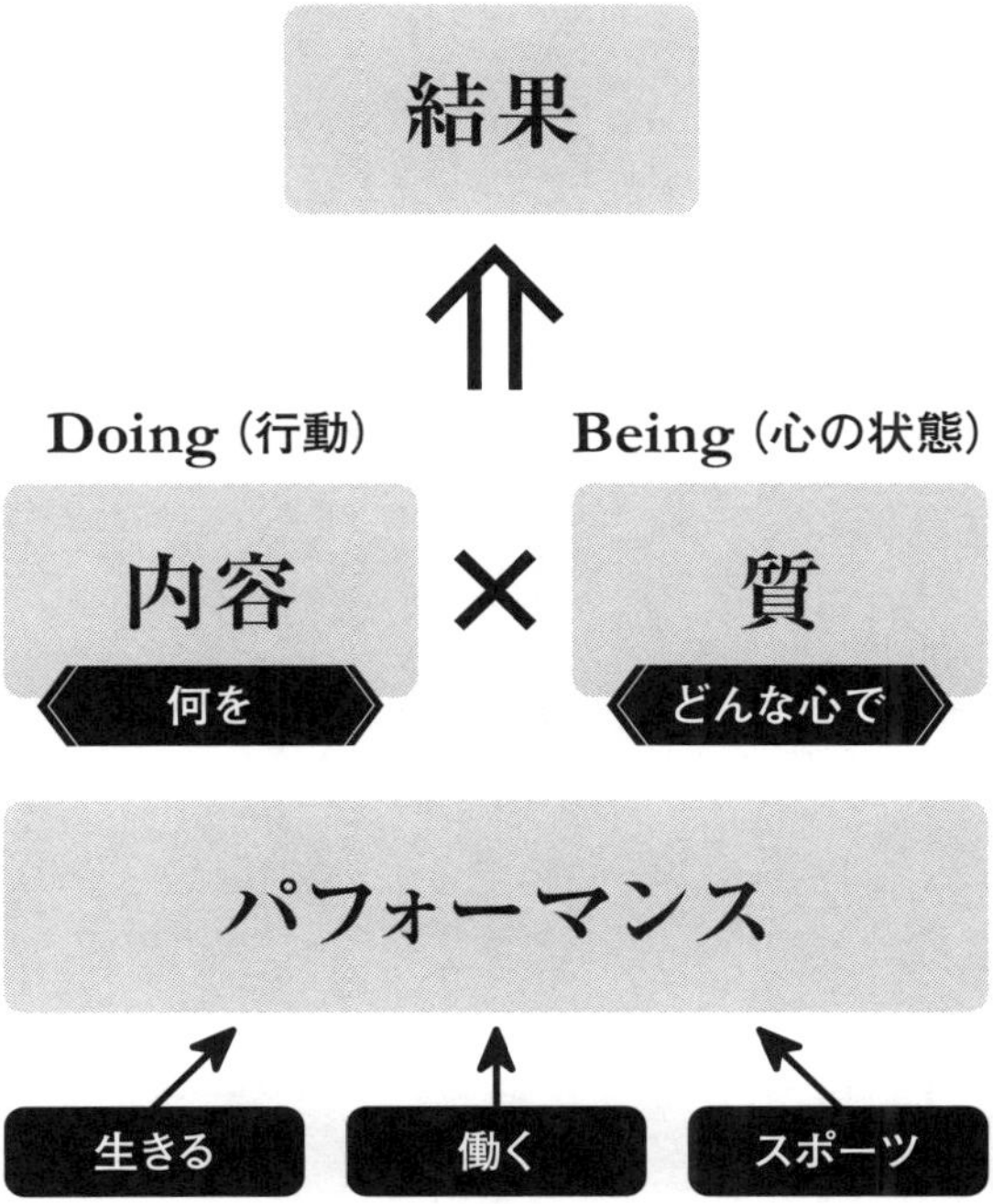

ちパフォーマンスの「質」が決め手となるのです。しかし、わたしたちは「質」を忘れたり、軽視したり、無視したりしがちです。このパフォーマンスの構成要素を理解することがヒューマンリテラシーを高める第一歩となります。

そしてリテラシーの2つめは、質を決める心の状態には大きく分けて、程度の差はいろいろあれど「機嫌がいい状態」か「悪い状態」しかないということです。機嫌が悪い状態とは、何かに対して心の揺らぎがあり、外部の存在に心が囚われていてストレスを感じている状態です。この状態を「ノンフロー状態」と呼びます。どんな人も例外なく、行動の内容に関係なく、この状態では何をしてもパフォーマンスの質が低下するという仕組みが人には備わっています。

もちろん、あなた自身も、あなたのチームメイトもその例外ではありません。一方で、**心が揺らがず、囚われのない状態、すなわち機嫌のよい「フロー状態」では、パフォーマンスの内容にかかわらず、パフォーマンスの質が向上する方向に進みます。**これには例外がなく、人間の仕組みそのものなので、ヒューマ

図3 心の状態

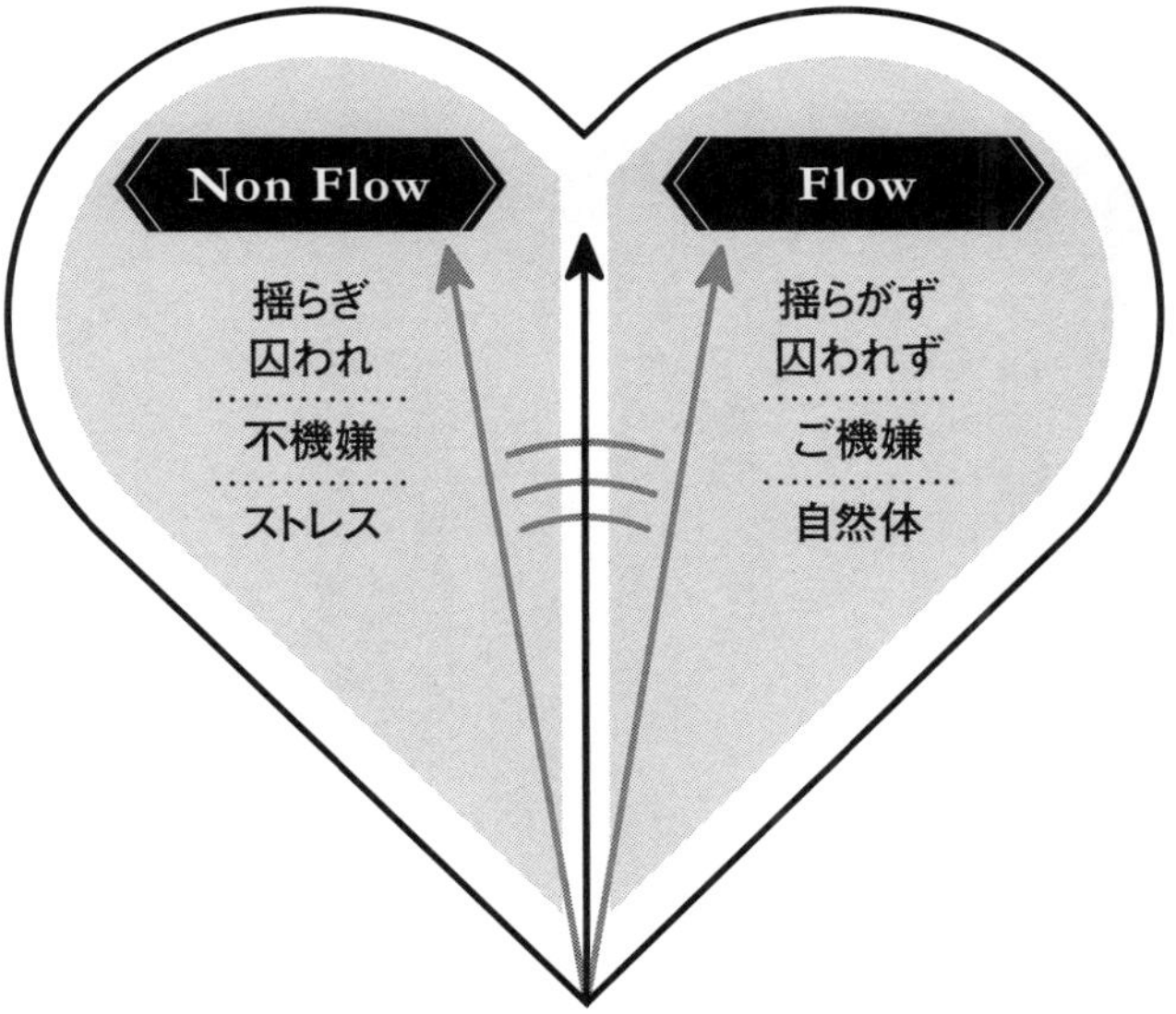

ンリテラシーの重要な要素の1つと言えるでしょう。

さらに、ヒューマンリテラシーの3つめは、これらのパフォーマンスの「内容」と「質」をマネジメントしているのは脳であり、それぞれを担当している脳機能があるということです。結果を得るために、外界の情報を分析・判断し、それに対応・対策・対処するために「何をしなければならないのか」を考え、Do It（行動）を実行させる役割を担っているのが脳の認知機能です。この認知機能が人間の「利き脳」として常に働き、行動の内容を動物よりも高いレベルで遂行させています。これは、勉強、スポーツ、ビジネス、そして人生全般においても共通しています。

一方で**「質」をマネジメントしている脳機能は「非認知機能」と呼ばれます。**認知脳とは異なり、**自分自身の心の状態を担当している機能**です。しかし、この非認知機能は人間にとって、「非利き脳」と言える存在であり、非利き手と同じように使いこなすことが難しいので、その結果、多くの人は認知脳だけでやりくりしようとし、気づけばストレスを感じ、心の状態が乱れてノンフローに陥ります。つまり、質が低い状態のまま、人生やビジネスにおいてDo Itしてしまうのです。そこで、**自分の心を整えるための非認知脳を働かせて、自分で自分の機嫌を取れる思考のスキルが必要です。**特にスポーツ界では、パフォーマンスと結果の関係が単純明快であるため、このスキルを磨かなければノンフロー状態となり、パフォーマンスの質が悪化します。その結果、個人やチームが負けることにつながるのです。

これらの人としてのパフォーマンスの構成要素、心の状態、そして脳の機能という人の仕組み、すなわちヒューマンリテラシーを熟知し、スポーツの世界でエクセレントなチームづくりをしているのが、2023WBCの栗山英樹監督であり、バスケットボールのトム・ホーバスヘッドコーチ、サッカー日本代表の森保一監督、漫画『スラムダンク』の安西監督たちなのではないかと思います。**ただし、ヒューマンリテラシーを基盤にしたチームワークは、こうした特別なリーダーだけのものではありません。本書をお読みのみなさんも、リーダーでなくともチームを導いていくことができます。このことが、最もお伝えしたいメッセージでもあります。**

ヒューマンリテラシーの大原則に基づくチームワークは、まず**「自分のパフォーマンスへのセルフマネジメント」**、次に**「関係の質を高めるリーダーマネジメント」**、これらを総合的に鑑みて**「エクセレントなチームを導くチームマネジメント」**につなげていくことで成り立ちます。これらのマネジメント力は、ヒューマンリテラシーを知って、学び、実践することで、誰もが身につけられるスキルです。そして、このことを伝えることが本書の目的です。

ぜひみなさんも、このマネジメントスキルを磨いてエクセレントなチームをつくっていきましょう。本書を読み進めていけば、誰でもこのスキルへの理解を深め、実践していけるようになりますので、ご安心ください。

図4 人の脳の動きと心への影響

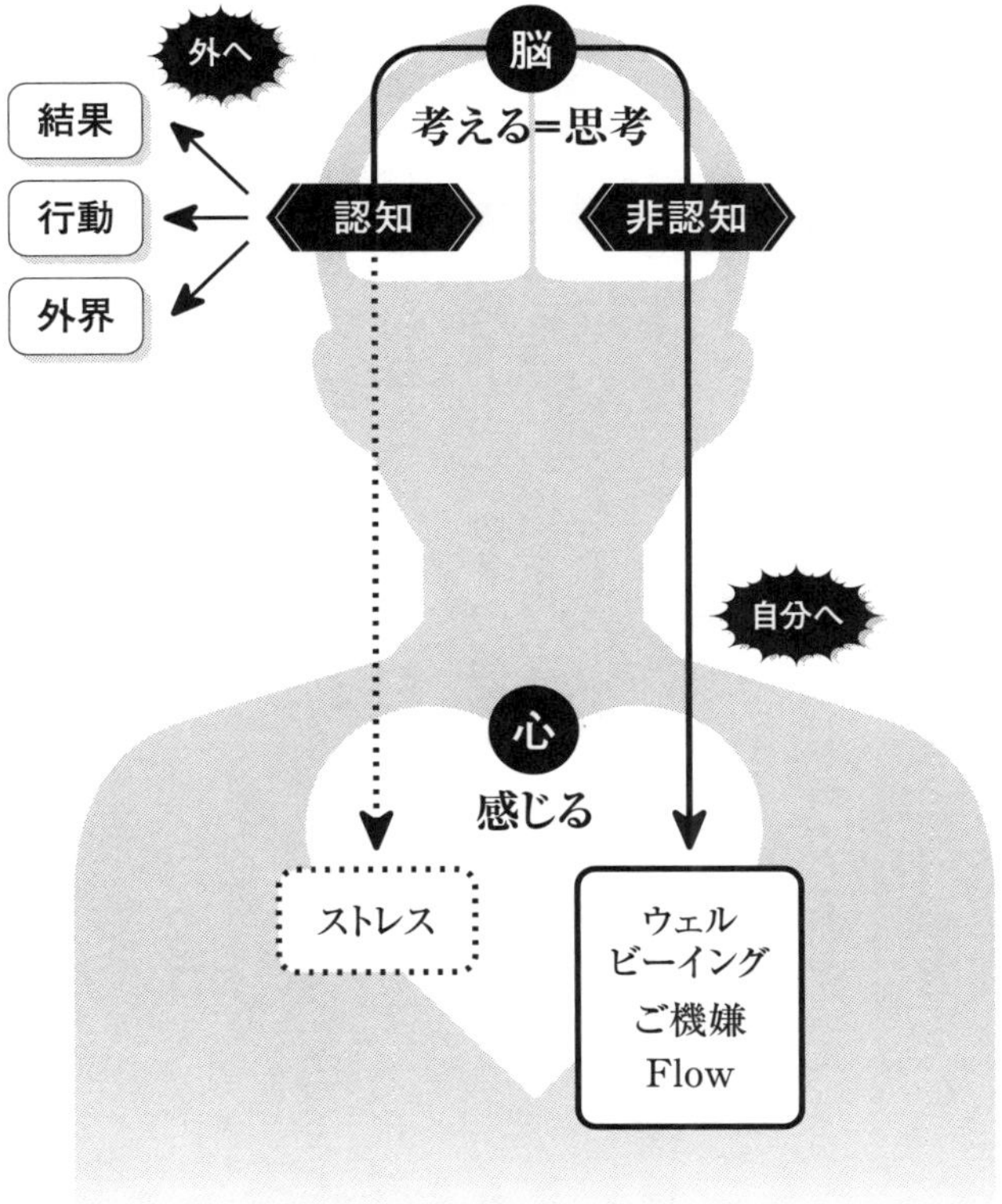

ワーク1

あなたが考える「エクセレントチーム」のイメージを書き出してみよう！

「エクセレントチーム」とは素晴らしいチームのことです。みなさんが思い浮かべる「素晴らしいチーム」には、どんな要素がありますか？　スポーツの世界でも、漫画の世界の話でも、ご自身の部活での体験や、ビジネスシーンでの経験からでも構いません。

また、これがないとエクセレントチームにはなれないと思う要素は何でしょう？　エクセレント（素晴らしい）というのは抽象的な言葉なので、正解や定義はありません。あなたが考えるエクセレントチームの必要条件や十分条件を自由にイメージしてみましょう。

これらのワークは、わたしがさまざまな企業のチームワークトレーニングの場で実際に行っているものです。ぜひ、リラックスして取り組んでみてください。

「エクセレントチーム」で思い浮かぶチームは
どんなチームですか?

これがないと「エクセレントチーム」とは言えないなと思う条件や要素は何ですか?

あなたが「エクセレントチーム」という本を書くとしたら、どのような条件を盛り込みたいですか？思いつくままに30個書き出してみましょう。

前頁で書き出した30個のキーワードを見て3〜4つの章をつくってみましょう。可能であれば30個すべてのキーワードを各章に分類してみましょう。

例：1章は精神、2章は行動、3章は環境など

前頁で作成したそれぞれの章で自分が所属するチームの現状を評価すると、それぞれ10点満点で何点になりますか?

例：精神3点、行動8点、環境7点など

前頁の「エクセレントチーム」の点数をアップするために、あなたができることは何でしょうか？章ごとにアイディアを書き出してみましょう。

例：精神…職場を明るくするために自ら挨拶していく
　　行動…みんなで守れるルールを１つ提案してみる
　　環境…社内のレイアウトを変更する

ワーク1をして気づいたことや感じたこと、 実践したいことや思いついたことを自由に書き出してみましょう。 また、 書き出したことを仲間と話し合ってみましょう。

第2章

チームにはどんな人材が必要なのか？

一人一人の主体性なくしてチームは生まれない!

第1章で、チームは個人の集合体であることを述べましたが、この章では、具体的にどのような個人がチームには必要なのかを掘り下げて考えてみましょう。**自立した主体的な個人なくして素晴らしいチームは生まれません。**そこで、自立した主体的な人材を前提に、ヒューマンリテラシーの観点から考えてみたいと思います。

チームワークに重要な自立した主体的な人材とは、自分のパフォーマンスに自ら責任を持つ人のことです。さて、人のパフォーマンスは何で構成されているのか覚えていますか? それは**「内容」と「質」**です。内容とは何をするのかというと、「Do It」すなわち行動です。

それでは「質」を決めている心の状態には、何が必要なのでしょうか。自分のパフォーマンスに責任を持つ人は、自分の行動と心に責任を持っています。

それを脳機能で説明すると、**認知脳で「何をすべきなのかを考え、実行する」ことと、非認知脳で「心の状態を整えて自分の機嫌を取る」こと。**この二軸ができていることが自立であり、主体性があるということだと強調してお伝えしたいと思います。すなわち、**Flow《フロー》（機嫌がいい状態）でDo It（行動）ができる人材こそがチームワークに欠かせない存在なのです。**

みなさんはどんな人がチームメイトだと嬉しいでしょうか？　そして、どんな人がいると安心するでしょうか？　例えば、言われたことしかやらない人、自分で考えて行動できない人、間違ったことをしてしまう人、やるべきことをしない人、やるべきことを行うための努力や工夫をしない人、または自分に甘くて求められていることをしたつもりになっている人――。このようなDo Itに責任を持てない人とチームメイトになるのは誰しも避けたいと思うはずです。そのような人材の集まりではエクセレントチームをつくることは到底できないと、容易に想像できるでしょう。

一方で、やるべきことをやっているかもしれませんが、いつも機嫌が悪い人、文句ばかり言う人、元気がない人、ふてくされている人、イライラしている人、怒っている人、落ち込んでいる人――。こうした、ご機嫌ではなく「ノンフローな心の状態の人」はチームメイトとしていかがでしょう?

そう考えると、どんなときも自分で自分の機嫌を取る責任を果たす人こそが理想的なチームメイトだと言えるはずです。つまり、**チームワークを機能させるために必要な人材とは、「常に機嫌よく、やるべきことを行動する、Flow Do Itの自立した人」**なのです。

2つの脳を働かせる「バイブレイナー」

自分のパフォーマンスに責任を持つ人を「Flow Do It な人」と表現するなら、それは**認知脳と非認知脳の両方をしっかりと働かせて生きている人**ということになります。そのような人を、2つの脳をしっかりと働かせていることから、

「Bi-brainer《バイブレイナー》」とも呼びます。ただし、これは「すごいことをしないといけない」「多くのスキルや知識がなければならない」「役職や学歴が高くなければならない」「みんなが同じことをしなければいけない」といったことではありません。

むしろ、**一人一人が、まず「自分のために」自分の責任で自分の心を整え、自分のできることを自ら実行する姿勢こそが重要**です。

ふと考えてみると、日本の学校教育や家庭教育では、そのような主体的なあり方を、先生や保護者が子どもたちに伝えることは少なく、その結果、多くの人が主体性を十分に育めないまま大人になっているように感じます。現在の学校教育は、「我慢して言われたことに従っていけばよし」という偏った教育に感じます。

そして、チームスポーツの経験は、このFlow Do Itのあり方を学べる、とてもよいチャンスになるかもしれません。しかし、そこでも大人の指導者・監督・コーチの教え方やチームづくりが個人の主体性よりも管理型に偏っている団体的なケースが少なくないように思います。団体的なやり方が引き続き主流となり、まだはびこっているのかもしれません。

ここで述べてきたような主体性は、たしかに子どもの頃の成育歴が重要ではありますが、大人になったらもう手に入らないのかといえば、決してそんなことはありません。そのためには、まず非認知脳を磨くことから始まります。**主体性の源とは、まず自分の心の状態を自分でマネジメントすることです。**具体的には、**「自分の機嫌は自分で取る」という責任を果たしていく習慣を持ち、ビジネスや仕事に臨んでいくこと**が主体性を身につける鍵となるのです。

自分の感情をマネジメントする非認知脳の力

そして**非認知脳の基本は、まず自分の感情に気づくことから始まります。**自己マネジメントは自分の心の状態、すなわち感情に気づくことからスタートします。自分の感情こそが自分自身の中に生まれた本来の自分であると言えます。
ところが、ネガティブな感情に振り回されて機嫌が悪くなると、元も子もなくなってしまいます。そこで、**感情豊かに生きながらも、それをマネジメントし、責任を果たすために、自身の感情に気づけることが大切なのです。**ネガティブな感情に気づけないと、その感情はどんどん蓄積してしまいます。感情を無視してロボットのように生きるか、すぐにイライラしたり切れやすくなるか、ちょっとしたことでも落ち込んでしまう状態になるのです。そのような人とはチームで一緒に行動することが難しいでしょう。

しかしながら、ネガティブな感情に気づくことができれば、なくすことはできなくても、その感情を減らすことはできます。また、ポジティブな感情に気づけば、人間はその感情を増やす方向へ目を向けるようになります。非認知脳を活性化させ、自分の感情に気づくことで、主体的で感情豊かな生き方を実現することができるのです。

また、**自分の機嫌を自分で取れる人は、非認知的スキルとして、自分のご機嫌の価値を大切にしています。**どんな人にも嫌なことや出来事、苦手な人がいるかもしれません。しかし、そのような外界の理由があっても、自分の心の機嫌を手放さない脳の使い方をしているのです。それが非認知脳の重要な働きということになります。

非認知脳をうまく使っている人は、自身のパフォーマンスへの責任を果たすために、周りに振り回されることなく、自分の機嫌をキープし、その上でやるべきことを考えて実行していきます。機嫌のよい人には決して嫌なことがないわけではありませんが、「ご機嫌」に価値を持つように思考し、せっかくやるなら機嫌よくやることに自らコミットしているのです。自身の感情に気づき、自分のご機嫌の価値を考えてセルフマネジメントする脳の使い方はすべて、自分自身の内面に向き合うためでもあります。それが非認知脳の役割だということです。

実は自分の機嫌を自分でマネジメントできるようになると、通常の認知脳の働きもシャープになります。これは、人間にとって極めて重要なことです。その結果、自分で何をすべきなのか「It（内容）」を考えて、それを自ら「Do（行動）」できるようになるのもまた人間の仕組みです。

想像してみてください。心が乱れて不機嫌なときに、自ら何をすべきかを考え、それを実行する気になれるでしょうか？　もちろん、なりません。しかし、ほとんどの人はそのような状態で、結局やらされているか、文句を言っている方が楽だと感じるのです。もしそのような人たちばかりであれば、そこには主体性は存在せず、チームはエクセレントになることもなく、ただ管理されるか、役割だけを作業のようにこなしていく集団になるでしょう。

詳細は後述しますが、実際は一瞬でチームがそのような人たちばかりになることはありません。**自分が所属するチームのチームワークがよく、エクセレントになるかどうかの鍵は、まずはそのような自立した主体性のある人が一人で**

もいるかどうか、本書をお読みのあなたがそのようなあり方を始められるかどうかにかかっているのです。

ぜひ本書をきっかけに、「Flow Do It」な生き方、働き方を自ら実践していってほしいと思います。まずは自身の感情に気づき、自分のご機嫌の価値を意識しながら、やるべきことは何かを考えて実行することを始めてみましょう。

周りには「Flow Do It」ではない人もいるかもしれません。そしてそれがチームのリーダーだったりするかもしれません。人は変えられませんが、そんな中でも、「自分のために」まずあなたが「Flow Do It」な生き方をしていきましょう。そして、「自身のために」バイブレインな脳を意識しながら実行している人が少しずつ増えていけば、あなたのチームも必ずチームワークのよいエクセレントなチームに近づいていくことになるのです。

図5 認知脳に支配された状態から、
Flow Do Itな人へ

08 頼りになるＦＬＡＰ人材とは？

前項までに、非認知脳を働かせて主体的に「Flow Do It」できる人材について解説してきました。このような働き方を、三菱総合研究所は**ＦＬＡＰ人材**《フラップ》と呼んで推奨しています。わたしの考えと完全に一致しているわけではありませんが、とてもわかりやすい表現だと感じ、気に入っています。

ＦＬＡＰとはFind《ファインド》、Learn《ラーン》、Act《アクト》、Perform《パフォーム》の頭文字を取った言葉です。Find は「見つける」「見つめること」、Learn は「学ぶこと」、Act は「行動する」「実践する」「実行すること」、Perform は「結果に結びつけていくこと」を意味します。

自分を「見つめること」をせずに、主体性のない働き方はＦがなく、Ｌから始まるＬＡＰ《ラップ》状態だと言えます。今の日本にはＦを持たずに働いているＬＡＰ状態の人が多く、そうした人々をわたしはＬＡＰｅｒ《ラッパー》と呼んでいます。

日本の社会はこのLAPerが育ちやすい環境にあり、社会に出てからも言われたことに従い、言われた通りに学習し、行動し、管理された働き方をしている傾向にあるのではないかと思います。したがって、団体戦では戦えても、エクセレントなチームとして戦っていけないのではないかと心配しています。

一方、Fとは、自身を見つめ、自身の中に生きる力、働く力、学ぶ力、プレイする原動力を見つけていくあり方です。それがないLAPerたちが集まった「偽《にせ》チーム」を動かすには、外界からのきっかけや働きかけが必須です。圧倒的な権力、外的な罰やプレッシャー、強烈なルール、成果に対する報酬などで動かされる集団になります。これは、フレデリック・ラルー氏が提唱した「ティール組織」に出てくるレッド、アンバー、オレンジの組織に近い形態だと思います。しかしこのような組織では、みなが主体的にイキイキ、のびのび働く成熟した組織、すなわちエクセレントなチームにはなり得ないと言えるでしょう。

図6 ティール組織

フレデリック・ラルー氏が提唱する「ティール組織」によると、組織やチームは大きく分けて５つの進化の段階があります。

進化

ティール（進化型）	**自ら意思決定し、独自に進化することを目指す組織** メンバーの自己管理とお互いの幸せで成長していく組織。組織と個人の目的が一致しており、現場が意思決定をします。目標達成ではなく、独自の進化や成長を目指している組織です。
グリーン（多元型）	**関わる人たちの幸せに重点を置いた主体的な組織** 顧客、従業員、地域社会など、組織に関わるすべての人のウェルビーイングを重視し、組織のメンバーが自ら提案を行いますが、決定権はマネジメント側にあります。
オレンジ（達成型）	**目標を達成する実力を評価する合理的な組織** 実力が重視される組織です。数値管理の徹底により成果を上げ、柔軟に変化していきます。組織のメンバー全員に責任が課され、それが共有されています。
アンバー（順応型）	**地位が重要視され、階層的構造を持つ組織** 権利ではなく地位によって秩序が保たれています。役割がつくられ、長期的な視点や安定した運営ができていることが特徴です。
レッド（衝動型）	**権力を振るう強いリーダーがトップの組織** 原始的な共同体と同じように、このモデルは、恐怖を使って権力を振るう強いリーダーがいることを前提としています。

出　典：Laloux, Frederic. 2014. *Reinventing Organizations: A Guide to Creating Organizations Inspired by the Next Stage of Human Consciousness*. Nelson Parker.

⊚ LAPerが組織を支配する日本社会の現実

それでは、なぜわたしたちはFのないLAPerになりやすく、その結果、団体的な偽物のチームが出来上がってしまうのでしょうか？　LAPが蔓延している背景には、外界に依存する認知脳を強化する教育と、認知脳をより強く働かせる社会構造があるからに他なりません。その方が社会も組織もチームも楽に運営できるからでしょう。個人にとっても主体性を持たずに生きていた方が楽であり、そのような主体性のない人を管理する方が手っ取り早いからかもしれません。

わたしは慶應義塾大学病院と大学のスポーツ医学研究センターで働いた後に独立したため、大きな企業などでサラリーマンとして働いた経験はありません。そのため、真偽は不明ですが、日本社会では大企業ほどLAPerが出世するという話をよく耳にします。その背景として、大企業や役場を支える人たちが、学歴や地位をＬＡＰによって手に入れてきたからなのかもしれないと推察しています。

これまでの日本の高度経済成長は、ＬＡＰｅｒが支配する団体的な組織や集団によって支えられてきました。彼らは認知的に優れていて頭がいいと言えるのかもしれませんが、主体的に考える力があるのかは疑問です。アントレプレナーが育ちにくいのも、そのような背景があるからだと言えるでしょう。これから迎える不確定なＶＵＣＡ《ブーカ》の時代においても、従来通り認知脳だけを働かせ、すべてに正解があることを大前提にしていると、変化に弱くなり、当然ながら、勝ち抜いていくチームにはなれないでしょう。

日本は今すぐ変わらなければなりませんが、すでに社会に出来上がっている仕組みが強力すぎて、そう簡単にはいきません。**そこで本書では、まず、あなた自身がこれからの時代に生き残るためのヒントを、チームワークという視点からお伝えしたいと思っています。**

⑳「F」が導く、感情を無視しない生き方

あらためて、FLAPのFとは何なのでしょうか？　**Fとは、「あなた自身を見つめ、あなた自身の中にあるものを原動力にして主体的に生きる力」と考えられます。**その働きを担うのが「非認知脳」であり、先に述べたように、あなた自身の感情に気づくことから始まります。言い換えれば、あなたの感情を無視した状態でFは実現できません。また、あなたの中にある「ご機嫌」の価値を高め、外側に振り回されない自分をつくることも、Fの源と言えるでしょう。これらはすべて、自分自身の内側にある、他の誰とも異なるあなただけの特別な要素です。

あなたがあなた自身にアクセスすることができなければ、Fも非認知脳も機能しません。これは誰にでもできる脳の使い方ですが、現状は、学校教育でそれを育むことも、ビジネス現場で実際にそれを使うこともなく、ほとんどの人

が認知脳だけを使って生きているＬＡＰの状態にあります。

さらに、Ｆを支える非認知脳は自分の「あり方」（Being）を大事にします。いつでもどこでも「自分はどうありたいのか」を考えずに仕事やスポーツを行うことはできません。Ｆを有しているＦＬＡＰｅｒはその点において特別なのです。しかし、わたしたちは認知的な「やり方」、すなわちDoingに常に意識を向けさせられています。その一方で、自分自身の「あり方」であるBeingは無視され、外部への対応・対策・対処だけが求められているのです。それがＬＡＰｅｒなのです。

∞ 主体性を取り戻すための問いかけ

近年、いくつかの企業がようやく「あり方」Beingにも関心を持ち始め、Well-beingという言葉や概念が飛び交うようになりました。しかし、「あり方」の源は、まず個人の中に存在しています。一人一人が「どうありたいのか」

を考えずに、チームや組織からWell-beingを強要し、管理しても、それはうまくいきません。**まずは自分は「どうありたいのか」、自分自身にアクセスし、非認知的に考えてみることが重要です。**主体的にFをしていく人々が集まることではじめて組織のあり方を考え、bad《バッド》やill《イル》（病気）よりもWell（健全）なあり方をみんなで望んでいくことができるのです。このままでは、組織全体のあり方までもがLAPになりかねません。みなさんは、いつでもどこでも「どうありたいのか？」を自分自身と向き合って考えたことはありますか？　エクセレントなチームは、まずはあなたのFから始まります。

Beingに正解はありません。そして、みなさん自身に問いかけをしない限り、それを見つけることはできません。「いつでもどこでもどうありたいのか？」という自分への問いが重要です。「どうしたいのか？」ではなく、また「どういたいのか？」でもありません。Beingは認知的な行動や目指すものではなく、どんなときも手放すことのない自身の内側にある「あり方の欲求」なのです。

ちなみに、わたし自身のBeing「いつでもどこでもどうありたいのか？」という問いに対する答えは「自由でありたい」ということです。この思いはわたしの中で失われることのないエネルギーです。実際には時間も行動も自由ではないことがほとんどですが、この思いは決して消えることなく、常にわたしの心を支えています。この「ありたい思い」が、主体性であり、Fそのものです。「自由でありたい」という思いは、わたしの生活や人生に大きな影響を与えています。心だけは自由であることが、この「あり方」とシンクロし、日々、何をしていても周りに振り回されず、ご機嫌でいることができるのです。つまり、これがわたしの主体性であり、自立の原動力です。

組織やチームのために自己を犠牲にして尽くすことがエクセレントなチームに必要なわけではありません。むしろ最も大切なのは、自分自身を尊重し、自立した生き方をする人たちから始めることです。本書のタイトルは『チームワークの大原則』ですが、その大原則は「非認知性を持ったFを行って生きる個人」

こそが、素晴らしいエクセレントなチームをつくり出すということです。言い換えれば、**あなたがまず自分のために非認知性を育むことからすべてが始まるのです。**ですから、**チームのためではなく、「自分のために」FLAPしていきましょう。**それがチームワークの大原則における、頼りになる、かつ信頼される人材なのです。

◎なぜ非認知性のある人が必要なのか？

認知脳は、人間の進化の過程で発達した、人間固有の文明を支える脳です。言葉を生み出し、道具をつくり、産業革命をもたらしてきたのも、この脳の働きです。その原動力はすべて「結果を出すこと」にあります。そして認知脳は「結果を生み出すためには何をしなくてはならないのか」を考え、行動や戦略を練ります。結果が出ているのか出ていないのか、行動の内容が正しいのか正しくないのかといった、ゼロかイチかの判断を行うのがこの脳の特徴です。

　また、認知脳は、結果を得るための材料や情報を欲して、外界の環境や出来事、他人にアクセスしています。それらの情報だけでは飽き足らず、過去や未来の情報にも常時アクセスして、ＰＤＣＡサイクルを回し続けます。こうして見ると、**認知脳は、まるでＡＩモデルのような働きをしていることがわかります。**実際、人間の認知脳も一種のＡＩのようにフル活動して働きながら文明を発達させてきました。

　しかし、**この認知脳は人間の内面、つまり心の状態や質、感情など、定量化できない部分に弱点があります。**どんなにＡＩ技術を追いかけても、人間はＡＩにはなれません。もし認知脳だけを駆使して生きている人々が集団を形成すると、その組織は殺伐とし、人間関係はギスギスしたものになるでしょう。時には、認知脳しか働かせられない人がチームを管理すると、ロジカルハラスメントやパワーハラスメントが起こることさえあります。認知脳は一種のＡＩモデルですから、認知脳を使って、個人である程度の成果を出していくことは可能かもしれませんが、それを、チームの中の個人として機能させることは難しいのです。なぜなら、人には感情や心、質があるからです。認知脳だけを働かせていると、他者の感情や気持ちを理解・配慮したり、高めたりすることが難しくなります。これが、チームワークを阻害する原因の1つです。

◎ DXの次はBXへ！　脳の変革が未来を拓く

近年、スポーツ界では大谷翔平さんをロールモデルとして、非認知的思考を取り入れることで、個人とチームのパフォーマンスを向上させ、よい結果に導くことが注目されています。その影響で、非認知的スキルを鍛えるためのメンタルトレーニングがどんどん導入されてきています。間違いなくその流れがスポーツ界にはあるように思います。

一方で、ビジネス界でも「人的資本」や「非財務的価値」という言葉が使われ、認知脳では対応できない定性的で抽象的な価値が重視され始めています。少し前までは、心や質といった話が出るとスピリチュアルとして片づけられ、軽視されていました。これは認知的な文明の進化の中で、人間が突き進んできた結果だと思います。しかし、いよいよ認知脳のスーパースターであるＡＩが登場し、本来の人間のあり方にも光が当たり始めたのだと思います。デジタルリテラシーを高める必要性が叫ばれるＤＸ《ディーエックス》の時代だからこそ、ヒューマンリテラシーの重要性に注目が集まってきたのだと思います。すなわち、ＤＸだけでなく、ＢＸ《ビーエックス》（Brain《ブレイン》 Transformation《トランスフォーメーション》　=脳の変革）が必要なのです。**認知脳だけでなく、非認知脳を使いこなせる人材に価値が生まれ始めている**のです。つまり、**個人のＢＸなしには、チームはうまく機能せず、チームの未来はない**ということです。

今一度、ＡＩモデルの源となる認知脳の働きと対比して、非認知脳の働きを見てみましょう。通常、わたしたちの認知脳は、外界の出来事や環境、他人の情報にアクセスして、それに対する対応・対策・対処を考え続けます。一方で非認知脳は、自分自身の中で生じた感情に気づく働きをします。人は感情の生き物なので、感情とともに、感情豊かに生きながらも感情に振り回されることなく、自分の内側で起こる感情に気づくことが必要です。これができなければ、自分らしく、人間らしく生きることはできません。このように、わたしの定義する「非認知脳」は、最近教育の世界でしばしば使われている「非認知スキル」(考え方や意欲、行動、協調するなどの心の能力)とは似ている部分はあるものの、全く同じとは言えないものと考えます。

わたしたちは、子どもの頃から認知脳の世界に生きています。子どもが家に帰ると、親は出来事については「今日は何があったの?」、行動については「今日は何をしたの?」と尋ねますが、「今日は何を感じたの?」と感情について問いかけることは少ないでしょう。夜ご飯を食べながら家族で感情について話すことも少ないのが現実です。企業においても同様で、進捗会議や企画会議では外的な状況の話題は出ますが、感情に関する会話は1ミリもなく、むしろビジネスには自分たちの感情を持ち込まないようにしているはずです。これは、人がつくり上げた認知的な社会の構造によるもので、だからこそ、わたしたちはBXを進めていかなければならないのです。

次に、認知脳は外界に対して課題解決の脳機能を持っているため、主に自分の外側にある不機嫌の理由を常に思考し、対応しようとしています。その結果、課題が解決するまでストレスの海に溺れ続けることになります。ほとんどのビジネスがこの思考に基づいていますが、今後はAIがこの作業を難なくこなしていくことでしょう。

一方で、非認知脳は先述したように、自分自身の中にある「ご機嫌」の価値を考える役割を果たします。機嫌という心の状態にアクセスして、その価値を高める脳の働きが非認知脳です。認知脳が行動の戦略や方法を考え、問題解決をする機能であるのに対して、非認知脳は「やり方」ではなく「あり方」を考えます。**そしてこれからの時代に必要なのは、「やり方」だけではなく、自分の「あ**

り方」に脳を向ける非認知脳的な習慣なのです。

さらに、認知脳と非認知脳を比較すると次のようになります。

認知脳は得意を伸ばし、不得意を克服するための思考です。そして他者との比較を通じて、自分の得意や不得意を評価する脳でもあります。学校教育においても、偏差値や学歴などはすべて認知脳の発想で営まれています。

スポーツもその例外ではありません。日本一得意なアスリートが日本の代表選手となり、同じくそのシステムで選ばれた各国の代表選手たちが集まり、その年のオリンピックで最も得意な選手を決め、それぞれの競技でメダルの色が決まります。つまり、得意を競い合う世界の中で、より得意なアスリートがいれば負け、それによって不安になるのが認知脳の世界です。

反対に、**非認知脳は自分の「好き」にアクセスします。「好き」は人と比べることがない、あなただけのオリジナルの感情です。**「自分が好きなことやモノは何か」を自分に問いかけ、それに気づくのが非認知脳です。好きな食べ物や季節、場所、スポーツなどについて考える習慣が重要なのですが、認知的な世界ではこれを忘れがちで、手放していってしまうのです。ググってもChatGPT《チャットジーピーティー》に尋ねても、自分が好きだと思う感情の源は見つかりません。

そんなあなたの「オリジナル」に価値を見いだすのが非認知脳の役割です。

非認知脳の使い方はまだまだ他にもありますが、この脳の使い方にＢＸをしていかない限り、認知脳だけでＡＩと競っても敗北は目に見えています。ＤＸ化されたＡＩ人間の集合体を想像してみてください。そこでは、人間らしさが排除された無機質な組織やチームが誕生することが容易に想像できるでしょう。今でもそのようなチームは存在していますが、それでは人間が集まるチームとして機能していないことになります。つまり、チームはワークしていないのです。チームワークの大原則の１つは、一人一人がＢＸを行い、非認知脳を使って働ける個人を増やしていくことなのです。

AI時代に求められる「FLAP人材」の条件

ここであらためて質問しますが、素晴らしいチームにはどのような人材が必要なのでしょうか？　どんなチームも個人の集合体である以上、それを構成する個人、すなわち人材に目を向けなければなりません。本書をお読みのあなたもその例外ではありません。エクセレントチームのチームづくりは、まずあなたから始まります。

しかし、プレッシャーを感じる必要はありません。最初からチームに何か働きかけようとするのではなく、まずはあなたの非認知脳を働かせることから始めればいいのです。気楽に考えてください。自分のＢＸが起これば、あなたから見える景色は少しずつ変化して、やがてチームがワークし始めるのです。

ＡＩ時代が確実に訪れる中で、わたしは人がつくり出すチームにおける個人としての「人間らしさ」にチームの原点を向けていきたいと考えています。

先日、ある経営大学院で経営者やリーダーに向けた大きなフォーラムがありました。テーマは「これからのＡＩ時代における胆力」というセッションで、そのパネラーとして話す機会をいただきましたが、多くの参加者がいて、その関心の高さを感じました。辞書によると「胆力」とは、「事にあたって恐れたり、尻込みをしたりしない精神力、ものに動じない気力」とあります。それはこれまで社会が追求してきた認知的なＡＩ類似のスキルではなく、まさに人間らしい、人間固有の、本書で強調している非認知スキルに他なりません。

非認知スキルを磨いてＢＸしていけるＦＬＡＰな人材は、個人としては、

●ＧＲＩＴ《グリット》（やり抜いていくこと）ができる
●Resilience《レジリエンス》（切り替え、立ち上がっていくこと）ができる

また、チームとしては、

●Psychological《サイコロジカル》 Safety《セーフティー》（心理的安全性）を生み出す

●Diversity《ダイバーシティー》 and《アンド》 Inclusion《インクルージョン》（多様性を受け入れ、包合する）を生み出す

ということです。

簡単に述べると、ＧＲＩＴはどんな状況でも内発的動機を自身の中に持ち、困難な状況でも心が折れることなくやり抜く力であり、Resilience は柔軟に切り替えながら立ち上がる力です。両者には相互関係があり、やり抜くためには柔軟かつ切り替えられることが必要です。例えば、問題が起こったときに状況に応じて切り替えられるような柔軟さがあってこそ、やり抜いていけるのです。

Psychological Safety は、心理的安全性のある質の高い関係性であり、Diversity and Inclusion は多様性と包含で、さまざまな異質な存在が有機的に、お互いを受け入れながら機能している状態です。これらは数値で表したり測ったりすることが難しい上に、人間への許容性を高めていく人材でなければ生まれてきません。非認知スキルを持ち、ＦＬＡＰしながら胆力を有した、ご機嫌でフローな人材と結びついていることは想像に難くありません。

わたしがトレーニングを行っている企業に勤めるビジネスマンは、普段から非認知スキルを磨き、ヒューマンリテラシーに基づいて生きることを目指しています。結果、先に述べたような変化を自身に生じさせ、新たな生き方を手に入れています。

また、わたしがトレーニングを行っている企業のＣＥＯ（最高経営責任者）やＣＨＲＯ（最高人事責任者）に、なぜ非認知スキルのトレーニングを企業内で行い、フローな人材を育成することに投資しているのかを伺ったところ、**「今後の変化に適応できる、強くてしなやかな組織になっていくためだ」**という回答が返ってきました。まさにこれらは、胆力のあるＦＬＡＰな人材が組織を活性化させ、現代の組織が求めている、チームが機能するための人材であるということを証明しています。

08 「好き」と「嫌い」を知ることが変革の第一歩

あらためて重要なのは、人は感情を持った生命体であるということです。そして、それを熟知し、その考え方を自分のものにすることが大切です。これからは感情豊かに生き、感情をマネジメントし、かつ周りの感情にも配慮できる柔軟な感情を持つことが求められます。感情なくして人間を語ることはできませんし、同じようにビジネスやチームを語ることもできません。感情を知り、気づき、話すことが非認知的なスキルの基本であり、それがＢＸを生み出し、あなたを含む個人に恩恵をもたらしてくれるのです。

感情の中でも、特に「好き」「嫌い」という感情を掘り下げていくことは重要です。これは、「好き」「嫌い」という感情で短絡的にビジネスや人間関係を形成しようという意味ではなく、**自分の感情を知るために、まずはご自身の好きなものや好きなこと、嫌いなものや嫌いなことを考えてみようという発想です。**「好き」はその人個人のオリジナリティであり、それぞれの「好き」に間違いは存在しません。一方で、「嫌い」を考えてみることも自分を知るきっかけになります。なぜ自分はそれが嫌いなのかを見つめてみましょう。その対象のせいにしたり、対象を分析したりするのではなく、自分が嫌いとする背景にあるもの（自分自身の考えや概念、信念、思いなど）に向けて脳を働かせることが非認知スキルを働かせる練習になります。

08 「なぜ？」を問いかける習慣が非認知スキルを鍛える

また、認知的な思考や、その思考によって動かされている社会は目標至上主義です。目標は外界にあり、追いかけるべきものなので、不安定になりがちです。達成の喜びだけを原動力にしてがんばることになるため、気合や根性などが必要になり、時にはあきらめてしまうことも多々あります。これは、出口が見えないトンネルに入るようなものです。そのため、最近ではあえて目標を持たないという人も少なくありません。

大切なのは、なぜその目標を叶えたいのかという「自身の中にある目的」を考える習慣です。このプロセスが非認知的であり、「自分はなぜそれをやるのか」という自身の内側にある原動力にアクセスする思考です。目的は別名「内発的動機」と呼ばれ、その内なるエネルギーは安定しています。

目的のエネルギーで動いている人は、エネルギーの安定性が高いため、目標達成率も高くなります。しかし、目的は目標のように明確ではないため、普段から自分自身に向き合って考える習慣がないと、なかなか見つけることはできません。「自分はなぜこの目標を叶えたいのだろう?」と、自身に問いかけることが重要であり、その答えそのものが大切なのではありません。もちろん、目的に正解はないので、明確なものはなくても、その**問いかけの習慣こそが「非認知スキル」**なのです。ところが、認知的な人ほど「なぜ?」と問いかけたときに、外的な理由を考えてしまう傾向があります。そこには、「理由」が自分の外に存在していて、「目的」は内側にあることを忘れてはいけません。

あらためて、ＡＩ時代の中で自分自身を、そしてチームを機能させるために必要な非認知スキルについて触れてみます。第1章でも述べましたが、やり方よりもあり方を考えるということです。ヒューマンリテラシーの基本である「生きる」というパフォーマンスは、認知的な「何をやるか」という行動と内容である「Doing」や「Do It」と、非認知的な自身の内側にある心の状態でできている、質である「Being」で構成されています。

認知脳は、結果を原動力にしたＡＩモデルで、外界に対応・対策・対処するために、四六時中「何をしなければならないか」と考えていくうちに、自分自身を見失っていく傾向があります。一方で、**非認知脳は自分自身へのアクセススキル**です。これは「そもそもの自分はどうありたいのか」「いつどんなところでも、どうありたいのか」という視点で脳に考えさせる思考習慣です。

繰り返しになりますが、本書では認知脳と非認知脳のどちらが大切かという選択肢を問うものではありません。ＡＩ時代において人間固有の生き方、働き方を冷静に考えたとき、また、本書のテーマでもある、個々人が集まって組織やチームを形成し、何かを成し遂げていくとき、このような非認知脳に基づく思考習慣を持った人材が極めて頼りになるのではないか、ということを強調したいのです。本書を読んでくださっているあなたが、その人材の一人となることを強く願っています。

ワーク2

主体性を育むために、感情を言語化する練習をしてみよう！

非認知スキルの原点は自分の感情に気づき、自分の感情をマネジメントすることから始まります。しかし、多くの人は自分の感情への気づきを怠って生きています。自分の感情に気づくことができなければ、他者の感情や気持ちに気づくことなどできないでしょう。ここでは多くの企業でもチームワークのための非認知トレーニングとして自分の内側に沸き起こる感情を言語化するワークに挑戦してみましょう。

このワークをする上でのポイント

「自分の内側の感情を言語化する」ことは意外に難しく、このワークには、出来事である「ボーナスをもらったとき」「仕事がうまくいったとき」と答える方や、行動のための認知思考である「休みがほしい」や、外的状況を表す形容詞である「きれい」「おいしい」と回答される方が多くいます。一方、きれいな景色を見て、驚きを感じた気持ちが感情であり、おいしい食事を食べて、満足感を感じた、などが自分の感情になります。

多くの人は、出来事や行動のための思考、外界を表す言語化はできますが、自身の内側に生じている心の状態（感情）に気づいて言語化することができない状況になっています。「仕事に感情を持ち込んではいけない」とすら思い込んでいて、それでは会社や職場に人間らしさを持ち込むなと言っているのと同じことになり、ますますチームは殺伐としていくでしょう。

確かに感情はネガティブなものが多く、厄介とも言えます。しかし、厄介だからこそ無視するのではなく、この人間らしさとうまく付き合い、それをマネジメントできることが非認知性に優れた人材と言えるでしょう。

そこで、これらのワークでは、そもそも人間にはどんな感情があるのかを言葉にして書き出してもらいたいと思います。ポジティブとかネガティブに分類する必要はなく、またネガティブな感情の方が多くなっても構いません。

今から作成する「感情のリスト」は、眺めたり、作成後も都度追加したりすることで、自分のＢＸ（脳の変革）に役立つはずです。感情に気づくセンスが次第に身についていくことでしょう。

感情を表す言葉を30個書き出して、感情のリストを作成しましょう。

例：ワクワク、満足感、がっかり、後悔など

※感情かどうか迷ったときは、「今の自分の感情は〇〇である」と声に出してみてください。違和感がなければ感情として成立しています。

ここ最近で実際に生じた感情を、前頁の「感情のリスト」から10個選んで書き出してみましょう。頻発するものがあったり、生じ方にも強弱があったりすることに気づくでしょう。

※なぜその感情になったのかという原因分析のためのワークではありません。その点に気をつけましょう。

①

②

③

④

⑤

⑥

⑦

⑧

⑨

⑩

ワーク2の補足

前頁で作成した10個の「実際に生じた感情のリスト」は、1週間に1度程度、自分を内観するために見直してみましょう。「今週は何があったか」ではなく、「どんな感情が自分の中に生じたのか」を感じてみてください。新しい感情に気づいたらＰ95のリスト表に加え、その都度Ｐ96で作成した「実際に生じた感情のリスト」へ新たに書いていきましょう。それが自分自身の新しい脳を育む、見えない財産となります。

第3章

リーダーより、リーダーシップがチームをつくる！

リーダーシップは誰のものなのか？

チームが機能するため、またチームワークが働くためには、一般的にリーダーの存在と役割が強調されています。果たしてリーダーは必要なのでしょうか？それともリーダーではなく、リーダーシップのある人材が必要なのでしょうか？みなさんはどう思われますか？　すでにお気づきのことと思いますが、**本書ではリーダーという人の存在をあまり重視していません。** リーダーとは役職や肩書のことです。実際にエクセレントなチームを生み出していくのはリーダーだけの役割ではなく、**チームを構成する個人一人一人にリーダーシップというあり方が求められます。そのような人たちの集まりこそがチームワークの本質だからです。** したがって、どんな役職や肩書であっても、自分の組織やチームに所属する人たちにリーダーシップがなければ、チームワークは生まれません。

本書で述べるリーダーシップのあり方とは、ヒューマンリテラシーに則り、自分や周りのパフォーマンスに責任を持っているかどうかを指します。
それでは、今一度パフォーマンスとは何かを思い出してみましょう。パフォーマンスは、内容と質で構成された、その人の「生きる」ことであり、「働く」ことです。自分のパフォーマンスに責任を持つということは、この「内容」と「質」に責任を持つことに他なりません。そこで、質を決めている心の状態に責任を持ち、フローな状態で、やるべきことを自ら考えて実行できる、言い換えるとDo Itすること、つまり「Flow Do It!」こそが、自分のパフォーマンスへの責任ということになります。

そして「Flow Do Itする」ためには、非認知脳と認知脳をともに働かせて生きなければなりません。**非認知脳を働かせるように自身をBXし、バイブレインな状態（認知脳と非認知脳を動かしている状態）でいることがリーダーシップにおける自分のパフォーマンスへの責任となります。**前章で述べたような非認知脳のライフスキル思考をしっかりと活かしていける自分づくりが、まずは何よりも大切になるのです。

さて、周りのパフォーマンスにも責任を持つというのは、どういうことでしょうか？　チームはもちろん、人は一人では生きていけません。周りの人をどこまでの範囲にするかは人それぞれでいいと思います。責任対象や範囲は、隣にいる人だけでも、家族でも、課の仲間だけでも、会社全体でも、日本全国でも、地球全体でも、もちろん構いません。

あなたの周りの人たちも、ヒューマンリテラシーに基づけば、同じようにパフォーマンスは「内容」と「質」で構成されています。内容とは、行動の「Do It」であり、質は心の「状態」なので、**周りの人の行動や心に、どれだけ関心を持って接しているかが、リーダーシップの原点になります。**

周りのパフォーマンスへの無関心はリーダーシップとの対極にある生き方です。周りの「生きること」や仕事に関心を持ち、さらにそこに責任を持つには、行動に対しては指示を、心に対しては支援を行う「接し方」が大切になります。**リーダーシップとは、周りの人に主体的に指示や支援を行っていく姿勢です。**これらはリーダーという役職だから行う義務ではありません。**自分が関心を持てる範囲を決め、行動に対する指示内容も自ら考え、声かけやコミュニケーションを行い、心に対しては配慮を忘れずに、少しでもご機嫌な状態に導く支援をしていくことが重要です。**

08 チームを機能させる鍵は、個々のリーダーシップ

「指示」は主に認知脳が担う役割ですが、「支援」については、自ら非認知脳を働かせて、自身がフロー状態でいなければ、周りの人をフロー状態に導いていくことはできません。しかし、この両方を適材適所で使いこなし、「バイブレイン」で生きていくことが、どんな人にとっても社会的な責任であり、社会やチームの一員としての大切なあり方なのです。それは簡単ではないかもしれ

ませんが、必ず誰でも手に入れることのできる、人としてのあり方だとわたしは信じています。

ここまで読み進めてきて、みなさんは、どのような仲間がチームメイトだとよいと思いますか？　自身のパフォーマンスに責任を持ち「Flow Do It」（ご機嫌で行動）ができる人、また、周囲のチームメンバーにも関心を持ち、可能な範囲で周りのパフォーマンスに指示と支援を持って接する人、「Flow Do It」をともに導いてくれる人ではないでしょうか？　チームを構成する一人一人がそうあることが理想だと思います。

もちろん、リーダーという役割を担って上に立つ人ほど、このリーダーシップのあり方を有していてほしいものです。自分のパフォーマンスに責任を持ち、つまり自分の機嫌は自分で取り、やるべきことを質高くできる、そして周りの人のパフォーマンスにもできる限り関心を持って、機嫌よくやるべきことを導いていく声かけができる人材です。実はそれが人間の成熟の証であり、人として一生かけて育んでいく生きる力です。多くの人は、認知的に成功だけを追い求め、この大切な成熟へのあり方を忘れてしまっている現状があるのも事実です。

人は不機嫌（ノンフロー）でいると、他者への影響は計り知れないほどマイナスになります。不機嫌を複数の周りの人たちにまき散らすことになるからです。この仕組みはどんな人にも当てはまりますが、特にそれが職務上のリーダーの場合、その影響力は大きく、チーム全体の雰囲気を左右します。

例えば、5人でミーティングをする際に、1名でも機嫌の悪い人がいれば、そこにいる全員が気になるはずです。不機嫌の感染力は強いので、ミーティングの質は確実に低下してしまうでしょう。それがリーダーの場合は尚更です。リーダーの機嫌や顔色をうかがいながら仕事をしているチームは、エクセレントに機能しているはずがありません。リーダーの機嫌のよい頃を見計らって、報告しよう、相談しよう、連絡しようでは、圧倒的にスピード力に欠けるチームとなってしまいます。

リーダーには影響力がありますが、**チームは個々の人が構成していること**

を忘れてはなりません。それはあなたも例外ではないということです。全員がFlow Do Itの責任を自ら果たすこと、それはもちろん自分のためでもあり、周りのためでもあります。それぞれのチームにおける、それぞれの人の役割や立場が違うため、Do It の It（何をするか）はそれぞれ異なりますが、**チームを機能させるための大原則は、すべてのチームメンバーがFlow Do Itの責任を全うしようと考えていることです。**

さらに、チームがより機能するには、全員が自分の可能な範囲で周りへの関心を持って、指示と支援のアプローチを通じて、お互いにFlow Do Itを導き合える関係性を築いていくことが大原則となります。そのためには一人一人がまず自分から、「自分のため」にBXしていく覚悟や、断固たる決意が必須です。それはチームのために自己犠牲するためのものではなく、まず自分自身のためになるのだということを真摯に理解し、エネルギーとすることが大切です。本書がその理解につながれば、とても嬉しく思います。

図7 脳機能の特徴と、
成熟したリーダーシップのあり方

		脳機能の種類	
		非認知脳 （ライフスキル）	認知脳
パフォーマンスを構成するもの		・Being ・どんな心で ・質 ・**Flow**	・Doing ・何を ・内容 ・**Do It**
リーダーシップ	自分への責任	心を整える力	考える力 行動する力
	周りへの責任	支援する力	指示する力

◎「指示」と「支援」の黄金比を見つける

あなたは、近しい人やチームメイトの行動に「やめよう！」と言えますか？逆に、ご自身のお子さんや部下の行動に、ダメだとばかり言っていませんか？一旦振り返って、ご自身が近しい人たちやチームメイトの心を本当の意味で配慮しているのか、普段から部下やお子さんの心を配慮していると自信を持って言えるのか、彼ら彼女らを少しでも機嫌のよいフローな状態に導き、Do Itできるように接しているのか、と自問自答してみましょう。

あなたの声かけに「指示」しかなく、「支援」がなければ、それはハラスメント傾向にあるということになります。ただし、ハラスメントになることを恐れて部下などに指示すらしていないのであれば、指示も支援もない無関心な野放し状態です。なお、そもそも指示がなく、支援しかしていなければ、カウンセラーのようになります。つまり、「指示」と「支援」の二軸を意識できていなければ、Flow Do It は実現できておらず、周りのパフォーマンスもよくならないので、結果、チームは機能せず、エクセレントチームをつくることはできないでしょう。団体のように周りとのパフォーマンスへの相互責任がなく、一人一人がただ作業のように周りに無関心のまま仕事やプレイを続けるようになってしまうのです。これは人が集まっただけの団体的な「残念なチーム」と言えます。

たとえ今、あなたのチームが理想とはほど遠い状態でも、変わることは可能です。その第一歩はあなたから始められますし、実際に踏み出してみればよいのです。本書を最後まで読めば、チームワークの大原則が理解でき、あなたが次にどのように取り組んでいけばよいのか、具体的なヒントが手に入るはずです。

あなたの人生において、「指示」と「支援」のバランスはどのような割合になっていますか？　また、周囲の人に対してはどのようなバランスで「指示」と「支援」を行っていますか？　もちろん、相手や状況によってバランスは変わるでしょうし、同じ相手でも時期やタイミングによって変動するものだと思います。ここで、総じてどのくらいの割合で他者との関係を築いているでしょうか？　自分自身を振り返って考えてみてください。

ビジネスとプライベートで大きく異なる場合は、それぞれを分けて見つめてみましょう。例えば、ビジネスでは「指示：支援＝4：6」、プライベートでは「指示：支援＝7：3」といった具合です。あるいは、ビジネスでは指示が9割で圧倒的に多く、プライベートでは支援が8割で優勢といった感じかもしれません。数字で「10対0」から「0対10」の範囲で具体的に表現してみると、より明確にイメージしやすくなります。これには正解はありません。大切なのは、この視点で自分自身を見つめることです。

さらに、ご自身の理想のバランスについても考えてみてください。例えば、「指示3割、支援7割」や、「指示5割、支援5割」のように、どのような割合が自分にとって理想的かを明らかにしてみましょう。そして、なぜあなたはそう思うのでしょうか？　理想にも正解はありませんが、それを考えることは、周囲との接し方や自分の生き方についてのビジョンを描く手助けとなります。ぜひ、この機会に深く見つめ直してみてください。

⑩ チームをフロー状態に導く3つの要件

さて、ここでわたしの専門である「非認知脳」による、周りの心をフローに導く支援力についてお話ししましょう。支援力のある人にはどのような特徴があるのでしょうか？　支援力があれば、指示とのバランスを適材適所でマネジメントできるはずです。なぜなら支援力がなければ、心に配慮し、相手に適したサポートの強弱を適切に調整することが難しくなるからです。ここでは、支援力のある人、つまり相手を機嫌よくフロー状態に導ける人の要件を3つにまとめてお伝えします。

①自分自身がご機嫌でフロー状態であること

支援力の基本は、まず自分自身がご機嫌でいることです。機嫌よくいるだけで、周りにとって支援になります。そのためには、いつでもどこでも自分で自分の機嫌を取る「非認知思考」のライフスキルが重要です。このスキルこそが、チームワークや周りへの責任の原点となります。

②ご機嫌に導く声かけを行い、それが上手であること

相手を機嫌よく導く声かけができること、そしてその声かけが上手であることも支援力の重要な要素です。通常の「認知的な指示」の声かけは、職場や社会でよく飛び交っていることでしょう。しかし、**ここで求められるのは「心に配慮した声かけ」**です。そのためには、まず自分自身の非認知的な心がけであ

る「ライフスキル」が土台になります。**「心がけなくして声かけなし」**という大きな鉄則があるのです。自分自身が機嫌よくなるために非認知スキルを意識していれば、自分の感情に気づいたり、ご機嫌の価値を考えたり、自分の目的や好きなことを振り返ったり、自分のあり方を見つめる習慣が身についているはずです。そうすれば、それが自然と他者の心に配慮した声かけとして現れるのです。

例えば、隣に目標に囚われて進捗状況に苦しんでいる仲間がいれば、「一度、目標だけに囚われず、目的を考えてみたら？」と助言したり、得意だと思っていても人と比べられて苦しんでいる人がいたら、「得意の代わりに自分の好きなことを思い出して、心を一旦リセットしよう」と声をかけたりできるでしょう。また、タスクに追われて四苦八苦している同僚がいれば、「対応や対策の前に、今の感情を俯瞰してみよう」と伝えるなど、**ライフスキルの心がけが浸透している人ほど、こうした言葉が自然と出てくるのです。**

③自分のフロー体験をもとに、他者を支援する姿勢を持つこと

最後に、自分が「○○してもらうと心がフローに傾く」という体験をもとにそれを他者の心のために実践、かつ応用する姿勢が大切です。この姿勢をわたしは「コーチ力《りょく》」と呼んでいます。どのような姿勢が「コーチ力」なのかについては、後の項で詳しく述べます。この姿勢は、自分の損得ではなく相手の心を配慮し、フローに導く支援のためのものです。それにより、周りの「生きる」というパフォーマンスの質がよくなれば、結果的に一緒にいる自分もハッピーとなるでしょう。一見すると遠回りのようですが、これこそがチームが機能している証拠でもあります。それは、自身にフローの価値が育まれていなければ生まれない姿勢でもあります。

人間の仕組みであるヒューマンリテラシーをもとに、周りと接していくことが重要なのです。自分自身の行動と心に責任を持ち、「Flow Do It」の精神で周囲の行動と心にも責任を持って接していく人が増えれば、組織は確実にエク

セレントな方向へ変化していくでしょう。それは、自己を犠牲にした人々の集まりではなく、自分自身を大切にし、ヒューマンリテラシーに従って生きようとする、あなたのような個人から始まった集まり、すなわちチームです。最初はこうした生き方をしたいと思う人々が少数派であっても、まずはあなた自身がBX（脳の変革）を行い、成熟していくことで何かが起こるはずです。やがて、そのような生き方をしたいという人が集まり、チームの変革が生まれます。どんなチームも最初から完璧だったわけではありません。**すべては、自分自身のために始めた一人の「BX」からスタートしたのです。それこそが、チームワークの大原則と言えるでしょう。**

人をご機嫌にする「支援」は、心に寄り添う姿勢でつくられる

人はどんなことをしてもらえると心の状態がご機嫌に傾くのでしょうか？それは、自分の体験からしか気づくことができません。そこで、自分自身に問

いかけてみて、思い出し、それを書き出してみましょう。自分なら、どんな風に接してくれたら、ご機嫌な心になるでしょうか？　また、ご機嫌になるために、どのような接し方をしてほしいのでしょうか？　ここで重要なのはモノやお金が必要なことは除外するということです。「おごってほしい」「プレゼントがほしい」「休みをくれると、ご機嫌になる」といったことは対象外です。それは条件が必要な認知的アプローチになるためです。

ここではあくまでリーダーシップにつながる他者の心への支援の姿勢について考えます。そのため、自分自身の経験から得た「人としてのあり方」に基づく接し方が問われます。モノや行動で支援するのではなく、心に寄り添うための姿勢が求められるのです。これまで述べてきたように、非認知脳を働かせて自分自身が周りと接するだけで、その関係にフローが生じます。結果として、組織のウェルビーイングの芽が生まれるかもしれません。今はまだピンと来ないかもしれませんが、ぜひ想像してみてください。

認知的な脳だけで生きていて、結果や定量的な要素だけで行動している人々が集まった組織と、自分の心の状態にも価値を重んじ、そのために非認知脳を働かせて生きる人々が集まった組織――。この違いを考えたとき、後者の人々は、お互いの心に配慮して支援し合うことができるでしょう。なぜなら、その姿勢に価値があると理解しているからです。当然のごとく、その結果、そうした人々が集まる組織は一人一人がウェルビーイングな状態であり、チーム全体もウェルビーイングであり、ご機嫌であり、エクセレントになるのです。

⑩ 人間の本能的な願望を理解し、「コーチ力」を磨く

それではここで、具体的にすべての人に通じる「コーチ力」の姿勢をご紹介しましょう。まず、**どんな人も「わかってほしい」という強い本能がありま す。このため、「わかってあげる姿勢」が重要です。**それでは、人は何をわかってほしいのでしょうか？　それは**「感情」と「考え」**です。自分自身の感情は、

生きる上で自由であり、生きる尊厳とも言えるものです。認知的な社会で行動が常に制限されている一方で、「自分は自由に感じてもいい」という尊厳があるからこそ、人は生きていけるのです。

みなさんも、自分の感情や考えをわかってもらえず、ノンフローな心の状態になった経験はないでしょうか？　多くの人はわかってほしいという本能が強いため、「わかってあげる」よりも「わからせる」ことが優先されがちです。特に認知脳が優位であれば、指示をするために「わからせる」傾向が強くなります。

そこで、非認知脳を働かせて、自分の自由な心の状態を重んじることができれば、他者の感情も「わかってあげて」、重んじることができるはずです。ここで大切なことは、**「わかってあげる」とは「共感」ではない**ということです。今の社会は「共感」が流行していますが、他者や周りとまったく同じ感情になれるかというと、それは決して簡単なことではありません。両者の根底には少なからず感情の齟齬《そご》が生じているため、「自然なご機嫌」にはなりにくいものです。

重要なのは「共感」ではなく「理解」することです。わたしはそれを「同意より理解」と表現し、自ら意識してみなさんにも伝えています。**同意や共感ができなくても、相手の感情を理解し、「わかった」と伝えることが何よりも大切です。**人は共感される前に、自分の感情を「わかってもらえた」ことで心の安心を得ることができるのです。それは感情の自由、すなわち**人の生きる尊厳を認め合う関係**になるからです。こうした姿勢は、他者への支援として極めて重要なのです。その原点は、自他ともに心の状態に価値を重んじる、非認知的な脳を働かせることから始まります。

08「一瞬」ではなく「時間の幅」を見る声かけ

また、**人には「見通してほしい」という思いがあります。「見通す」とは、時間の幅を持って見てほしいということです。**一瞬だけを切り取られて判断・評価されると、人はストレスを感じ、ノンフローになりやすくなります。

例えば、まだやっていない仕事があった場合、いきなりやってきた上司に「まだやってないのか？」と指摘されると、心は穏やかではなくなるでしょう。「やろうと思っていたのに……」と、余計にやる気がなくなるかもしれません。しかし、「どんなことがあって、できていないんだい？」と尋ねられれば、時間の幅を感じられます。また、「今はまだできていないけど、この後どうするつもり？」と言われれば、その瞬間だけで判断されていないと感じ、ストレスを感じにくいのではないでしょうか。

時間の幅を持って、見通す姿勢で周りに接するには、「結果より変化」を意

識する必要があります。結果は「点」であり、時間の幅がありません。一方で、認知脳が優位なわたしたちは結果だけを見がちであり、また見られがちでもあります。結果は「点」であるため、それを評価しようとすると、さまざまなものと比較せざるを得なくなります。それにより、多くの人がノンフローな状態に陥ってしまうのです。一方で、変化には時間の幅が必要です。つまり、**他者への変化の視点は時間の幅を意識しなければ生まれないもの**と言えるでしょう。

　また、変化には大きく分けて「成長」と「可能性」の2種類があります。「まだまだだけど、成長しているね」「まだまだだけど、可能性はあるね」といった接し方は、相手の心を配慮した支援の姿勢そのものなのです。なぜそのような意識や姿勢で周りと接するのでしょうか？　そうした接し方の方が、相手もフローに傾くという「フローの価値」を有しているからなのです。したがって、自分自身が非認知脳を働かせて自分の心の状態を整え、ＢＸ（脳の変革）を行うことがまず重要なのです。

08 「期待」ではなく、「応援する姿勢」が必要

もう1つのコーチ力は**「応援してあげる姿勢」**です。認知脳は他者に対して「期待」という思考を抱きがちです。**期待とは、自分勝手な枠組みを他者に当てはめ、見返りを求めることです。期待＝勝手×枠組み×見返り、ですから、相手はまるで檻の中に閉じ込められたような状況になり、心は穏やかではありません。**一時的には「がんばろう」と思うかもしれませんが、ずっと期待されているとプレッシャーでしかなくなり、支援どころか負担を与えることになります。

期待の主役は、実はがんばっている相手ではなく、その期待を抱いてプレッシャーをかけている側にあります。これでは相手に対する支援にはなりません。

また、期待思考の強い人ほど怒りやすく、頻繁にイライラして、ノンフローな不機嫌な状態に陥りやすくなります。これは、「個人的な期待」という、勝手な枠組み通りにはいかないからに他なりません。中には、この期待を「愛」

だと勘違いしている人もいるため、さらに厄介です。この思考が蔓延すると、期待をかけている側、かけられている側、両者にとってフロー状態が生まれにくい環境になります。もちろん、そのような思考の人の集まりはチームとして機能せず、ワークできなくなるのです。

一方で、**応援思考は無条件のエネルギーや思いを他者に与えることで、主役は間違いなく相手にあります。**応援してもらえたらどんな人もフロー状態でしょうし、応援している方も気持ちがいいはずです。**応援という支援思考を持つ人々が集まったチームでは、一人一人がFlow Do It し合えるようになります。**

このような**心を配慮する支援としてのコーチ力は、自分だけではなく、視野を広げて周りの心を配慮したアプローチと言えるでしょう。**フローな心の状態を自ら広げ、周りの人にも導いていける人が増えれば、エクセレントチームに近づくはずです。チーム内にはフローの姿勢を持たない人ももちろん存在していますが、自分のチームを機能させるためには、まずあなた自身がＢＸを始めてみましょう。**ノンフロー状態の人を変えることよりも、あなた自身が「自分もチームにいる仲間の一人なのだ」という考えを持ち、視座を上げることが重要です。**そして、そのために自分ができることから始めるアクションが、結果的に、自分自身の成長につながり、チームのためになっていくのです。

08 視野を広げ、視座を上げた個人が組織を変える

大事なことなので繰り返しお伝えしますが、リーダーという特定の役割を持った人がチームに必要なのではなく、リーダーシップというあり方を重んじる個人を増やすことがエクセレントチームへの道なのです。そのためには、**まず誰もが自分自身を大切にし、ヒューマンリテラシーを高め、自身のＢＸを起こし、自分の「生きる」ことに責任を持つことから始まります。**

心の状態やあり方に価値を重んじ、非認知的思考を意識することで自分もチームも変わっていきます。この視点で自分を大切にする人は、そこに価値があると知っているので、周りにも視野を広げて支援するようになります。なぜなら心の状態のフローやご機嫌、「Being（あり方）」が「Well（健全）」であることに価値を見いだしているからなのです。そのような意識は、姿勢や行動に大きな影響を与え、個々の成長を助けるだけでなく、チーム全体への視点を広げ、より高いレベルでの生き方を実現させるはずです。それこそがチームワークの本質であり、根本的な原則と言えるでしょう。

チームワークは仕組みやルールだけで生み出されるわけではなく、リーダーシップを持ち、視野を広げ、視座を高めた個人によってのみ成り立ちます。時間がかかるかもしれませんが、冷静に考え、一歩ずつ進んでいけば必ずうまくいきます。その後にチームにもＢＸが起きて、チーム風土の変革がやってきます。なぜなら世の中には、フロー状態でいることやご機嫌でいること、ウェルビーイングであることを否定する人ばかりではないからです。後述しますが、ある一定の人たちは、Beingや質、心に関心があり、非認知脳にアプローチしていきたいと思っているはずなのです。

そして、人の仕組みとしてのヒューマンリテラシーを本当の意味で理解したとき、多くの人々がそのような生き方を望んでいることに気づくでしょう。すべての人が不機嫌で生きているわけではありません。仮にチームの中に認知脳の権化のような人がいて認知思考をブイブイ振り回していたとしても、非認知的な思考を大切にし、BXを進めてチームをより良くしたいと思う人は必ずいます。あなたもその一人です。

そのような人を見つけ、一緒に小さな意識の変革を起こしていけば、最終的にはチームがうまく機能し始めるでしょう。**たとえ、すぐには結果が出なくても、あなた自身のBXは、これからのAI時代において決して損になることはありません。**わたしはそれを確信しています。

このようなよい流れをつくるために必要なことは、自分の心の状態を自分でマネジメントすることです。自分が不機嫌であれば、周りにも不機嫌さが伝染します。逆に、自分が機嫌よくフロー状態であれば、周りにもフローが生じていきます。

心の状態を意識していない人は、感情や状態に引っ張られやすく、その影響を周囲に与えてしまいがちです。反対に、心の状態を意識している人は、ポジティブな言葉を使うことができ、その言葉がその人を取り巻く周囲や組織に、フローをつくり上げていくことになるのです。

08 フローを生み出す言葉を慎重に選ぶ

それでは、どのような声かけがチームを機能させていくのでしょうか？ 今一度、考えていきましょう。先の項で解説しましたが、声かけには認知的な行動への「指示」の声かけと、非認知的な心への「支援」の声かけが存在します。

あなたの組織には支援の声かけが飛び交っていますか？　**支援の声かけは、フローやご機嫌など、心の状態に価値を重んじる人たちから生まれてきます。**

さて、わたしたちには、心の状態に大きく影響する「自己ツール」というものが存在します。**それを使えば、自分自身の表情や態度、言葉を大切にし、選択することで、心の状態に変化をもたらすことができます。**しかし、日常的に認知脳だけを働かせていると、外界の状況や情報に反応するばかりで、それらの自己ツールは選ばれることなく、表情や態度、言葉は出来事に対するリアクションをするだけになってしまいます。例えば、嫌なことがあれば態度に出す、嫌いな人がいれば表情に出す、思った通りにいかなければ「最悪……」などとつぶやくことがそれにあたります。

人間には認知脳があり、外界に支配されていて、表現という仕組みがある以上、それは仕方がないことです。わたしたちはその外界での出来事を表情や声に反映させ、わざわざ周りに自分の機嫌の悪さを伝えるという悪循環の中で生きています。これが人間の認知的な働きでもあります。基本的には外界での現象は変えられませんが、**自分自身の表情、態度、言葉によって、自分の心にフローな影響を与え、外界に関係なく、自身のみで変化をもたらすことは可能です。**これは、うまくいかない状況を嘲笑したり、笑顔でごまかしたりするわけではなく、次の瞬間の心の状態をご機嫌な方向に傾かせるための習慣です。前述した通り、わたしたちには自分の心の状態を機嫌よく保つ責任があります。決して、嫌いな人の機嫌を取るために笑顔を向けるのではなく、自分の機嫌をよくするために口角を上げるのです。そして自分をご機嫌にするために表情や態度を自らの意志で選択するのです。その結果、周りにも好影響を与えることになります。

言葉も同じです。相手のために言葉を選ぶ前に、**まず自分自身の心を整えるため、自分の耳の一番近くにある、自分の口から出る言葉を選択しなければな**

りません。どんなに「最悪」とつぶやいてもご機嫌にはなれませんし、外界で起こったことを変えられるわけでもありません。

イチローさんや大谷翔平さんがインタビューでゆっくり答えているのは、周りにどう思われるかではなく、自分の心の状態が揺らがず、囚われず、フローに保たれるように、自分自身の耳に入れる言葉を慎重に選択する習慣を持っているからだと思います。彼らに限らずアスリートたちにとって、マスコミのインタビューは時に非常にノンフローで不機嫌を誘発することがあります。そこで自分を保たないと自分の機嫌を持っていかれてしまいます。もう何年もアメリカに住んでいて十分に英語で受け答えできるはずなのに、インタビューでは通訳を介して日本語で答えるのは、彼らにとって情報交換のためではなく、自身の心の状態を保ち、自分の耳に入れる言葉としては日本語の方が力を持っているからだと推察されます。

彼らのように、それくらい言葉を大切にし、自分自身の心のために言葉を選択する習慣を持っていることは、非認知脳がしっかり役割を果たしているとも言えます。そんな、**自分の心がフロー状態になるような言葉を、「My Flow《マイフロー》 Words《ワーズ》（自分のご機嫌言葉）」といいます。**この「My Flow Words」を書き出し、身につけて、意識し、口に出してセルフマネジメントするのです。わたしがサポートしているオリンピアンやプロアスリートたちももちろん、これらを習慣化しています。

認知脳は、自分以外の人のために、外界の状況に理由をつけて言葉を選びます。目上の人だから敬語を使う、初対面の人だから慎重に話す、家族だからラフに話すなど、認知脳が選択し実行しています。一方、自分自身の心の状態に責任を持つために自身の言葉を選択するのは、非認知脳によるものです。このように認知脳と非認知脳を分類し、区別しています。

この章のテーマであるリーダーシップの視点から考えると、**自身と周りのパフォーマンスに責任を持つ生き方には、自分だけでなく、仲間のためにも言葉を選び、声をかけることも含まれます。それがチームへの視野を広げ、視座を高めることにつながっているのです。**

まずは自分自身の心がけとして、非認知思考を言葉にしてみましょう。例えば、「周りの出来事に囚われているようだから、自分の感情に気づいてみよう！」「不機嫌の理由が課題解決で一杯一杯だから、ちょっとご機嫌の価値を考えてみない？」「人と比べて苦しんでいるなら、自分の好きな食べ物を思い出して、気分をよくしてみて！」「やり方ばかりに振り回されているようだから、どうありたいかを見つめてみよう」「目標と進捗に追われているから、そもそもの目的を振り返ってみましょう」など、自分で意識するだけでなく、この思考を言葉として仲間の誰か一人でも、チーム全体にでもいいので、声をかけてみるのです。恥ずかしいでしょうか？　難しいですか？　自分が非認知思考を意識していれば、自然と声かけはできるようになるはずです。

非認知的な声かけをする際の、よくある誤解

ちなみに、非認知的な声かけは、闇雲にポジティブな言葉を使えばいいということではありません。実はちょっとしたコツがあります。

例えば、「気にするな！」とか「忘れろ！」という言葉はフローな心の状態に導く声かけとしては推奨していません。これらの言葉は、外界で起こった事象に注目し、逆に囚われてしまうことが懸念されます。この声かけをされた人は、下手をすると余計に気になり、むしろ記憶を思い出してしまうことになりかねません。そのため、ご機嫌に導く声かけとしては推奨していません。

また、明日は朝5時起きで嫌だなあという仲間に「魚市場の人なんか毎日3時に起きているんだから、5時は遅いと思えばいいんだよ！」「俺なんか昨日

は4時起きなんだから、それに比べて5時はマシだろ！」のような声かけも、もちろん逆効果です。これは、5時を早いと考えている人に、無理に遅いのだと思い込ませるよう意図した声かけです。このようなことはしばしばやってしまいがちですが、非認知的な声かけではありません。現状を忘れるようにする、無理やりポジティブに捉え直すというのはよくあることかもしれませんが、それらは認知的思考の代表でもあり、本書のテーマである非認知脳によるライフスキルとは一線を画す思考になります。

本書でお伝えしている思考や声かけは、外界の情報へアクセスするような対応・対策ではなく、**あくまでも自分自身にベクトルを向けて、自分自身の心の状態の変化をもたらす思考なのです。自分の内側に向かう思考なので、それは坐禅や瞑想やヨガなどを通じて働かせている内観思考と似ています。**

わたしはそれを日常にいつでもどこでもできるように、ライフスキルとして思考と言葉に整理し、汎用性を高めています。スポーツやビジネス、日常もそうですが、いつでもどこでも持ち歩けるのは、自分の脳の中にある思考習慣のみです。そして思考は言葉でもできているので、言葉で声かけできれば周りやチームにもご機嫌な風が吹いていくようになるはずです。

20 声かけに価値を見いだすことから始めよう

もし、今の段階での声かけが難しいのであれば、その声かけの原動力は周りをご機嫌にするための犠牲や義務になっていて、まだ自分自身にとっての価値が育まれていないのかもしれません。声かけに対して、自分への価値が見いだせれば、自然と仲間のためにも声をかけたくなるからです。あるいは、まだ自分自身にこの思考の習慣が身についていない上に、自分の機嫌が悪く、周りに声をかける余裕がないのかもしれません。確かに、自分の殻にこもって認知的に作業だけをしている方が楽かもしれません。その状況で自分のタスクだけに向き合って、ただ淡々とこなしているだけの人たちばかりの集団になると、その組織は間違いなく団体的になり、エクセレントチームにはほど遠くなります。結果、自分も苦しくなっていくかもしれません。

もしあなたが声をかけないのであれば、ご機嫌のための声かけを受けることもなく、殺伐とした組織の中で、1日8時間、年間250日以上働かなければならないでしょう。その時間も自分自身の時間ですから、それでは自分にとっても、残念であり、もったいないと言わざるを得ません。明らかにQuality《クオリティー》 of《オブ》 Life《ライフ》が低いNon《ノン》 Well-being《ウェルビーイング》な日々になります。せっかく生きているのに残念ではないでしょうか？

チームワーク、すなわちチームが機能しワークするための大原則は、自身の心や質、ご機嫌やフローに自ら価値を持つことからすべてが始まります。**あなたを含めた人たちが人間の仕組みを理解すれば、そこに価値を持って生きよう**

図8 非認知的なライフスキル思考と認知的思考の違い

非認知的なライフスキル思考		認知的思考
●自分の感情に気づく	←→	●外界の出来事を考える
●自分のご機嫌の価値を考える	←→	●不機嫌の理由を考える
●自分の好きなことを考える	←→	●比較して得意を考える
●自分のあり方を考える	←→	●やり方や戦略を考える
●自分の目的を考える	←→	●目標を考える
●「自己ツール」を自ら選ぶ（表情・態度・言葉）	←→	●周囲の状況に影響され、表現する（表情・態度・言葉）

とする人はゼロではないことが見えてきます。勇気を持って、あなたからスタートしてみませんか？

ワーク3

基本編　チームの雰囲気をよくする声かけをチェックしてみよう！

このワークでは、非認知的な声かけの習慣について考えてみましょう。

まずはあなた個人の「ご機嫌言葉（My Flow Words）」を書き出してみましょう。世の中にあまたある言葉の中から、自分の心の状態にご機嫌な変化が生じる言葉を探します。その言葉を選択する理由は外ではなく、自分自身の内側にあります。すなわち、ご機嫌な風が少しでも吹くような言葉の選択です。

ポイントは、誰かに言われたい言葉ではなく、自分自身が自分のために、自分の心のために、自分の耳に入れたい言葉を選ぶことです。また、名詞でも動詞でも形容詞でも構いませんが、長いことわざや文章ではなく、使いやすい短い言葉を選んでください。

あなたの「My Flow Words」を20個書き出して、「ご機嫌言葉のリスト」を作成しましょう。そして書き終えた後に、頭の中でつぶやいてください。

例：青空、スラムダンク、オリンピック、娘たちの名前、自然体、おしゃれ、一人の時間、今ここ、など

ワーク3

応用編　組織やチームで「ごきげん言葉」について話し合ってみよう！

　ここからはワークの応用編です。可能な範囲で仲間を集めて、まずは個人の「ご機嫌言葉」をお互いにシェアしてみましょう。共通点や新たな発見が見つかるはずです。個人の「ご機嫌言葉」はみんなそれぞれ違うでしょうし、時には「わたしもそれと同じ言葉があります！」となるかもしれません。このワークでお互いを知り合うきっかけにもなるでしょう。

　その後に、チームで行う声かけを意識して、チームメンバーに共通する「ご機嫌言葉」を探っていきます。

　ポイントは全員の心がフローな反応をする言葉を話し合って選ぶことです。例えば「スポーツ」がご機嫌言葉の人がいたとしても、それではご機嫌にならなないという人がいれば、チームの「ご機嫌言葉」にはなりません。正しい答えはありませんので、こうして話し合うことが次の章のテーマでもある「共有」を生んでチームをワークさせていきます。

チームあるいは仲間数名で、個人の「ご機嫌言葉（My Flow Words）」を10個ずつ発表し合ってみてください。

自分：

さん：

さん：

さん：

さん：

さん：

チームで行う声かけを意識して、チームメンバーに共通した「ご機嫌言葉」を出し合ってみましょう。

例：ありがとう、いいね！、など

第4章

共有レベルを上げて活気あるチームになる！

∞ チームでは、何を共有しなければならないのか？

チームの「共有レベル」と聞いて、何を思い浮かべますか？　少し古い言葉かもしれませんが、「報・連・相」でしょうか。チームで報告・連絡・相談が必要なのは、なぜだと思いますか？　また、何を「報・連・相」すべきか、明確になっているでしょうか？　一般的に使用されている「報・連・相」は、企業における上下関係のルールのように感じられますが、いかがでしょうか。

この義務的なルールに基づくコミュニケーションだけでは、本書のテーマである「チームワーク」は生まれません。報・連・相は上司に対する報告、上司への連絡、上司に相談といった、団体を機能させるための方法です。団体では上司からの情報伝達は管理的になりがちで、それではこの章でこれから述べる「共有」ではなく、「強要」のコミュニケーションになりやすいのです。1音違いで大きな違いが生まれてしまいます。

団体的な命令のコミュニケーションは上から下への一方向であり、報・連・相も下から上への一方向となります。そのような形では、**個人は支配されていると感じやすくなり、自立性は損なわれ、「ルールさえ守ればいい」という考えに陥りがち**です。

個人はそのような組織にいると、結局は言われたことに「はい」と応えるだけで、何か起これば、「すみません」と自己弁護に走る傾向にもなりかねません。わたしはこれまでに何度も、そのような団体型の組織を見てきました。もちろん、それは主体性のある個人が集まるチームのあり方ではありません。個々人の関係性が機能するチームではなく、各個人がただ点在し、上下関係のつながりだけで成り立ち、動いていく団体組織です。

サッカー、バスケ、ラグビーを考えたとき、そのような団体的コミュニケーションのみで動くチームは結果を出すことができないと、誰もが容易に想像できるのではないでしょうか。

質の高い共有は、個人のご機嫌、チームのご機嫌がつくる

それでは、どのようなコミュニケーションがチームには必要なのでしょうか？　そして、コミュニケーションの基本とは何でしょうか？　単純に言えば、それは「聴く」ことと「話す」ことに集約されます。また、一人一人がこの基本を実施していくためには、大きく2つの条件があります。

まず1つめは、**コミュニケーションを行う当事者の機嫌がよいこと**です。人は機嫌が悪いと「聴く」「話す」というコミュニケーションの基本がままならなくなります。みなさんも思い当たる経験があると思いますが、機嫌が悪いとき、人は他人の話を聴かなくなり、また聴けなくもなります。

また、中には機嫌が悪いと自分の意見を発言しなくなるタイプの人もいます。ひどい場合には見えないところで陰口をたたく事態に発展することもあるでしょう。

「機嫌がよい」が絶対的な条件であることは、コミュニケーションの当事者にとって自分の機嫌を大切にする強いモチベーションになります。つまり、自分の機嫌を意識的に整えることで、自然なご機嫌関係をいつでも自らつくり出せるということです。

2つめは、**自分だけではなく、コミュニケーションする場全体が「ご機嫌」であること**です。コミュニケーションは一人では成り立ちません。相手がいてこそコミュニケーションが成り立つので、その関係やその場がご機嫌かどうかもとても重要です。そもそも機嫌の悪い人とはよいコミュニケーションは取れませんし、**機嫌の悪い雰囲気や不機嫌な関係の中では、質の高い「話す」「聴く」は実現しません。**共有を進めるためのコミュニケーション環境にも「ご機嫌」が重要であることがご理解いただけるでしょう。

機嫌の悪い人や機嫌の悪い関係、機嫌の悪い環境の中で質の高いコミュニケーションは決して生まれません。チームとして共有レベルを上げるために、コミュニケーションの土台となる「ご機嫌」に価値を重んじる非認知的なスキルを持つ人を増やし、そのような人たちがいる場をつくることが求められます。

◎「認知的な共有」と「非認知的な共有」

それでは次に、「何を共有していかなければならないのか」を考えてみましょう。**共有は、大きく分けて、「認知的な内容の共有」と「非認知的な内容の共有」に分けられます。**

認知的な内容とは、「定量的で客観的な事柄」です。代表的な例としては、目標の共有や進捗の共有が挙げられます。その他にも、情報、状況、結果、出来事、戦略、To Do リスト、ルールなどがあります。これらは企業内の朝の進捗会議やミーティングなどで頻繁に行われ、ビデオ通話やチャットなど、デジタルツールを活用するケースも増えています。

認知的な共有はデジタルコミュニケーションでも可能です。しかし、非認知的な人の内面にある「感覚的かつ定性的な事柄の共有」は、デジタルツールを介していては簡単には実現できません。このような共有には、実際に顔を合わせたリアルなコミュニケーションが欠かせないのです。

それでは、非認知的共有の内容とは、具体的にどのようなものが当てはまるのでしょうか？　例えば、今の感情、好きなこと、目的、思い、役職ではなく役割、ありたい姿などがあります。

例えばみなさんは、一緒に働いたり活動したりする仲間の好きな食べ物を知っていますか？「個人情報だから知る必要はない」と考える人もいるかもしれませんが、仮に、隣で働く人の好きな食べ物をお互いに知って、共有するシチュエーションをイメージしてみてください。関係の質が少しでもよくなるように感じませんか？

人の内側に関する情報は、個人情報として共有を避けるべきだと認知的な世界では、考えがちです。しかし、自分の外側にある認知的で数値的な目標の共有だけで、果たして、「エクセレントチーム」として高いパフォーマンスを維持できるでしょうか？　できないからこそ、頻繁に強要やハラスメントが生じ、作業のように団体的な働き方に陥るのではないでしょうか。

非認知的な共有に関しては、一人一人が自分の内面にアクセスし、言語化することが大切です。そのためには個人が自己変革（ＢＸ）を起こし、非認知脳を活用して内観する能力を育む必要があります。このような価値観を重視する人々がコミュニケーションを行うことで、チームは機能し、有機的にワークしていくのです。

非認知的な共有は、そこに価値を感じていない認知的な人たちにとっては極めて面倒な作業に思えるかもしれません。しかし、すべての人が同じ価値観である必要はありません。**個人の内面にそれぞれの違いがあることを認め、その**

違いを共有することこそがチームワークの原則です。

認知的な共有は場合によっては、みな同じことだけを共有しがちです。認知的な共有は、個人の外側にある事柄、例えば組織の目標やルール、行動指針などに焦点が当たります。しかし、これらの共有は「知っている」というだけに終わる情報になりかねません。なぜなら、組織単位の指針は、自分事として捉えにくいことだからです。**本当の意味での共有とは、自分の意志で深く理解し、自分事として捉えることを指します。**ただ知っているだけでは共有とは言えません。共有とは、自分事として理解することです。

非認知的な共有は、個性の違いへの理解をご機嫌なコミュニケーションを通じて育むことでもあります。それは個人への関心から始まるコミュニケーションです。あなたは、組織やチームで決められた1つの目標に対して、達成するための目的を自分事のように理解し、共有したことはありますか？　また、なぜその会社で働いているのか、それぞれの思いを会話などで共有したことはありますか？　こうしたコミュニケーションには手間がかかりますが、あなたを含めてそこに価値を重んじる人が増えていくことで、エクセレントチームへの道が開きます。

◎「視座を上げた自分が主役」の考えで取り組む

共有する内容は、認知的なものと非認知的なものに大きく分けられると述べてきました。認知的な内容は主に組織やチームに関する事柄が多く、非認知的な内容は内面的な事柄が中心であり、個人に基づいて成り立っています。

組織に属するものは共有しづらいことがあります。それは、組織が個人のように具体的な実体を持っているわけではなく、自分の外側に存在しているからです。そのため、多くの組織やチームでは、個人からチームに向けて共有しようとする動きよりも、チームから個人に対して強要や管理を押し付けるような動きが生まれがちです。

そもそも、あなたが所属する組織やチームは誰のものでしょうか？　誰の意志でそのチームや組織に所属しているのでしょうか？　それはすべて、あなた自身の意志によるものです。そして**そのチームは、リーダーや社長や株主のものではなく、構成要因の一人であるあなたのものでもあります。**

あなたがどのような役割や役目を担っていたとしても、あなたが抜ければその瞬間から今あるチームではなくなってしまいます。今のチームを形づくっている一部は間違いなくあなただということを忘れてはいけません。チームや組織を生きものだと考えると、非認知的な内側に大切なものがあるはずです。ビジネスの世界でよく聞く、ミッション・ビジョン・バリューもその1つでしょう。だからこそ、**所属している組織のミッション・ビジョン・バリューを「他人事」ではなく「自分事」として共有することが大切です。これは、会社や組**

織のためではなく、あなた自身のためなのです。これが「視座を上げる」ことです。つまり、自分が所属するチームの決められた事柄を、自分のために共有するということです。

もしどうしても共有できない内容がある場合は、対話やコミュニケーションを通じて理解を深めてみましょう。組織で決まったことを共有するのは、組織に迎合することでも、あきらめでも、我慢することでもなく、**あくまでも「視座を上げた個人であるあなたが主役」という考え方で取り組むことです。**そのアクションは自分がご機嫌でいないとできないはずなので、自分自身のためにBXを起こし、自分の機嫌を整えながら、組織の認知的な内容や非認知的な内容を話し合い、理解し、共有していくことが大切です。それを実行することでチームは機能し、エクセレントな組織へと成長していくことでしょう。

もし共有努力をしたものの、どうしても個人として内容が理解できなかったり、賛同できなかったりする場合は、その組織やチームを辞めるという選択もあります。世の中には、他にいくらでもチームや組織があります。がしかし、**あなたが自分の意志で組織に所属しているのなら、対話を重ねて共有を深めることをお勧めします。**共有とは我慢ではなく、あくまでも自分の意志に基づく理解から始まるものだということを忘れてはいけません。

00 チームメイトと友達の違いとは？

チーム内での共有の話をする前に、チームメイトと友達の違いを明確にしておきましょう。

友達は自分の意志で選んで付き合いますが、チームメイトや仲間はどうでしょうか？　チームは自分の意志で選択して所属しますが、その中に自分とは異なる意志を持って所属した仲間がいるという構造になります。

友達とチームメイトの違いは、「ともに何かを目指しているかどうか」にあります。友達と一緒に何かを目指していくことはあまりありませんが、非認知性を重んじるチームであれば、チームメイトは「結果目標」や「あり方目標」も共有し、一緒に目指します。

友達とチームメイトは比べる対象ではありません。どちらも異なる性質を持ち、あなたにとって必要な存在だからです。チームメイトには「一緒にゴールを目指す仲間」として、目標を共有する役割があります。チームの目標のために、それぞれの異なる目的を共有し、同じ目的を達成するためにコミュニケーションを取ることが仲間として求められることです。

チームメイトとの共通点を見つけよう

さて、組織に所属する仲間同士の共有は、どのように開始していけばよいのでしょうか？　その第一歩は、**自分が所属するチームの仲間に関心を持つことです。**

先述のように、チームメイトは仲間ではありますが、友達とは違います。そしてチームメイトは必ずしも自分が選んだ相手ではありません。あなたが意志を持ってチームや組織を選んだ結果、今のメンバーが仲間になったのです。この点を理解するには、組織に対する認知的な共有とは異なる視点が求められます。それが「視野を広げる」ということです。

自分が直接選んでいない仲間と共有レベルを上げるのは、そう簡単なことではありませんが、「共通点」を見つけることが突破口になります。

チームメイトとの一番の共通点は、**その人も自分の意志でこのチームや組織を選んだという事実です。その人も同じ人間であり、心や行動、感情を持つ存在です。「ヒューマンリテラシー」が適用される、人間の心や感情、パフォーマンスなどの仕組みを備えた存在であるということに目を向けることで共通部分が見つけやすくなります。**

とはいえ、多くの場合は、一人一人が持つ個性が異なり、感じていることや抱えている感情が人によって違うため、その「違い」を理解した上で共有する努力が必要になります。これも「ヒューマンリテラシー」を理解していれば、落ち着いてその違いを受け入れることができるでしょう。

コミュニケーションを重ねるうちに、新たな共通点を見つけられることもあります。例えば、同じ好きなものがあることに気づいたり、価値観が似ていることで新しい発見が生まれたりするかもしれません。**価値観の違いばかりに目を向けて不機嫌になるのではなく、共通点を探すためのコミュニケーションを心がけましょう。その基本は、仲間の話をよく聴き、自分の考えや思いを伝えることです。**チームの仲間はみな同一ではないし、金太郎飴のようにどこを切っても同じ形をしているはずがありません。それぞれが「同じ部分」と「違う部分」を持ち合わせています。チーム全体としても「同じ部分」と「違う部分」によって構成されているのです。

「みんなが同じ」は共有ではない！

「チームで1つになる」という表現がよく使われていますが、その意味は「みんなが同じようになる」ということではありません。「1つになる」という表現より、「一体感をつくり出す」の方が正しいと言えます。それは、違いを受け入れながら共通点を見つけ、共存を図ることにあります。それを可能にするのは、一人一人が主体的にチームへ関与することです。

ただただ「違う人たちが集まっているだけ」であれば、見かけだけの多様性にすぎません。本当の多様性（Diversity《ダイバーシティー》）は、違いを認め合い、それが有機的に機能してはじめて「包含（Inclusion《インクルージョン》）」の状態を生み出します。多様性と包含（Diversity and Inclusion, D&I）という考え方はすでに広く知られていますが、単に障がいや国籍、性別などの見た目の違いだけでなく、**チームが機能するためには「同じ部分」と「違い」を共有する力が求められます。そして、**

それを可能にするのは非認知的な思考を持つ人材の存在です。

08 「同意」ではなく「理解」が必要

共有を行う上では、他者と関係を築く際に非認知的思考を持っていないといけません。その1つは先述したように「同意」より「理解」の接し方ができることです。認知的な同意の「Agree《アグリー》思考」では、他者に対して「同意できるか否か」の二択しかありません。「考えが同じでなければいけない」ことに囚われると、相手に同じ意見を強要したり、反対意見を否定したりする結果になってしまいます。

認知的な脳はこのような「同調性」を求める傾向が強く、「同じ」であることが正しいと考えます。しかし実際は、感情も考えも人の数だけ違うわけで、まずはそのことを理解する「Understand《アンダスタンド》思考」を持つことで、質の高いコミュニケーションが生まれるでしょう。

「同意」より「理解」を重視するスタンスは、人間関係の中で自分自身をフロー に保ちやすいばかりか、周りにも「わかってもらえた」という自己存在感を与え、結果的にお互いがフロー状態に近づくことができます。これがチーム内で実現すれば、違いを理由に否定し合うことなく、互いに機能的な関係を築くことができるのです。

認知的な「正誤思考」の落とし穴

大勢の人が陥りがちなことなので繰り返しお伝えしますが、認知脳は他者との関係を「正しいか間違っているか」という正誤の視点で判断しようとします。正しさは大事ですが、すべての人間関係を正誤思考の基準で捉えて付き合っていると、関係性がギスギスしてしまいます。本当に大切なのは、「正誤」より「相違」の思考を持つことです。

認知的に正しさだけを主張しても、人それぞれ考え方や感じ方が異なる以上、それを受け入れることは簡単ではありません。また、認知的な正誤思考しか持たない人がいると、ロジカルハラスメントのような問題が生じ、苦しむ人たちが組織の中に生み出されていくことになります。今でも「ごもっともなことを言われるけど、どこか違う気がする……」という感覚を覚える人が少なくないでしょう。

「正誤思考」だけに囚われると、人は自分が正しいと思い込むため、自分とは違う他者に対して怒りやフラストレーションの感情が芽生えて、ノンフローな状態となります。それではチームは機能しなくなることでしょう。〇か×かの「正誤思考」ではなく、△や◇を許容する「相違」を受け入れる思考が、真のD&Iを実現する組織をつくります。そのためには、非認知脳を磨き、フロー状態を生み出す思考を持つことが何よりも大切になります。

繰り返しになりますが、認知脳は結果を原動力に、非認知脳はご機嫌やフロー状態を原動力にする脳機能です。「同意」より「理解」、「正誤」より「相違」

を受け入れる思考は、ゆくゆくはそのチームのウェルビーイングも生み出していくことでしょう。一人一人が健全なあり方を保ち、お互いにその配慮があるわけですから。環境改善ばかりに注力してウェルビーイングを無理につくらなくても、内面とご機嫌な人間関係から、自然発生的なウェルビーイング職場へとチームが成熟していく可能性があるのです。

08 チームは「あり方目標」の設定で飛躍する！

わたしがチームワークの観点から「同じ」と「違い」を大切に考える理由は、目標と目的の共有にあります。まず、チームの目標を共有することは不可欠です。目標がバラバラではチーム全体の方向性が定まりません。**メンバーみんなで決めるにせよ、リーダーが設定してメンバーに落とし込むにせよ、目標は1つである必要があります。**それはチーム全員で向かう行き先だからに他なりません。行き先が2カ所ではどこへ向かったらいいのかがわからなくなってしまいます。

目標には「結果目標」と「あり方目標」があります。例えば、チームの結果目標は「1億円の売り上げ」や「営業部の中でナンバー1の成績を上げる」といった具体的な成果を指します。一方、**あり方目標は非認知的な考え方で、「1年後にはこんなチームでありたい」という、チームで目指すべき方向性です。**また、あり方目標はチームの内側の目標でもあるのですが、残念ながら多くの組織はこれを目標として掲げていません。これらの目標を共有することで、チームメンバーみんなが向かっていく方向を決める指針となるのです。チームである以上、全員でこの目標を共有しなければなりません。でなければ、その船に乗る資格はないと言わざるを得ません。

さらに重要なのが、非認知的な考えからくる「なぜその目標に向かうのか」という原動力です。目的とは、内側から目標に向かうエネルギーのことで、「内発的動機付け」とも呼びます。1つの目標に対して「なぜそれを目指すのか」という目的は、人の数だけ違っていて当然です。仲間一人一人の目的を共有することは、チームワークに非常に重要な要素です。必ずしもみんな同じ目的を持つ必要はありません。それぞれの目的を理解し合い、共有する作業が求められるのです。

しかし、せっかくみんなで1つの目標を目指しているのであれば、そこで「全員共通の目的」を見いだすと、よりエクセレントなチームになるはずです。そのためには、メンバー全員であれこれ意見を出し合いながらコミュニケーションを重ねる必要があります。そのとき、一人一人が揺らがず囚われずご機嫌の状態じゃないと、1つの目的を見つけ出すことはとても難しいものです。そのため、非認知スキルの高い人たちが質の高い対話を実行することが求められます。

例えると、このチーム全員が乗る船の行き先を決める作業が目標を設定することにあたります。この「目標」は航海で言うところの「目的地」に相当します。船の目的地がハワイなのか、南アフリカなのか、ロサンゼルスなのか、チりなのかを決めるのです。そして、**その旅を終えたときに乗組員たちが「どんなチームになっていたいか」というのが「あり方目標」です。**

一方、「目的」は個人ごとに違っていて構いません。例えば、目的地がハワイだとして、「なぜハワイに行きたいのか？」という問いに返ってくる回答は人それぞれ異なるはずです。そこには自分の内側から湧き上がる「内発的動機」が含まれます。そして可能であれば、全員に共通するハワイに行きたい理由を見つける話し合いをすることがさらに理想的です。

このように、**それぞれが異なる目的を持つ中で、自由に意見を交わしながら共通のチームの「あり方目標」を探し、共通の目的を見つけ出すコミュニケーションが求められます。**全員がこれを自分事として取り組み、視座を高め、視野を広げたコミュニケーションを重ねることで、チームは機能し、よりよい成果を生み出す組織へと成長していくのです。

なぜ共有が難しいのか？

多くの会社では、ミッション・ビジョン・バリューなどの非認知的で定性的な理念が言語化され、社員に「共有」を求められます。しかし、なぜそれが「共有」ではなく、実際には「強要」あるいは「他人事」になってしまうのでしょうか？　その理由は、個人がそもそも非認知脳を働かせて、自分自身の生きる目的や使命、自分のあり方や価値観を大切にしていないと、その理念の価値や重要性を理解できないからです。そのため、組織が提示する理念を自分事として受け止めることができなくなります。

日頃から、自分の中にある価値観や心の状態、あり方などを大事にする生き方や働き方をしている人だけが、所属するチームや組織の理念や思い、ミッションの重要性を理解し、共有しようと考えられるのです。それはすべて一致していなくても、一部でも重なる部分があれば、そこではじめて、組織への愛着や貢献意識である「エンゲージメント」が芽生えます。

しかし、エンゲージメントを高める施策を外側から行うだけでは効果は薄いでしょう。**エンゲージメントは施策や仕組みで高めるのではなく、個人の生き方やあり方、脳の使い方に目を向けた、非認知思考を持つあなたを含めたＢＸしていける個人を増やしていくしかありません。**内面を大切にする個人なくして、組織やチームのエンゲージメントは成立しないということを肝に銘じたいものです。

⑩ 東京オリンピック女子バスケットボールチームの成功例

チームが機能するためには、一人一人が自分の役割を果たしているだけでは不十分です。それではただの「団体」に留まります。重要なのは、仲間同士がそれぞれの役割を相互に理解しているのかどうかです。例えば、自分のチームにおける役割を自分で理解し、仲間に伝えていますか？　また、仲間の役割に

図9 個人とチームの相関関係

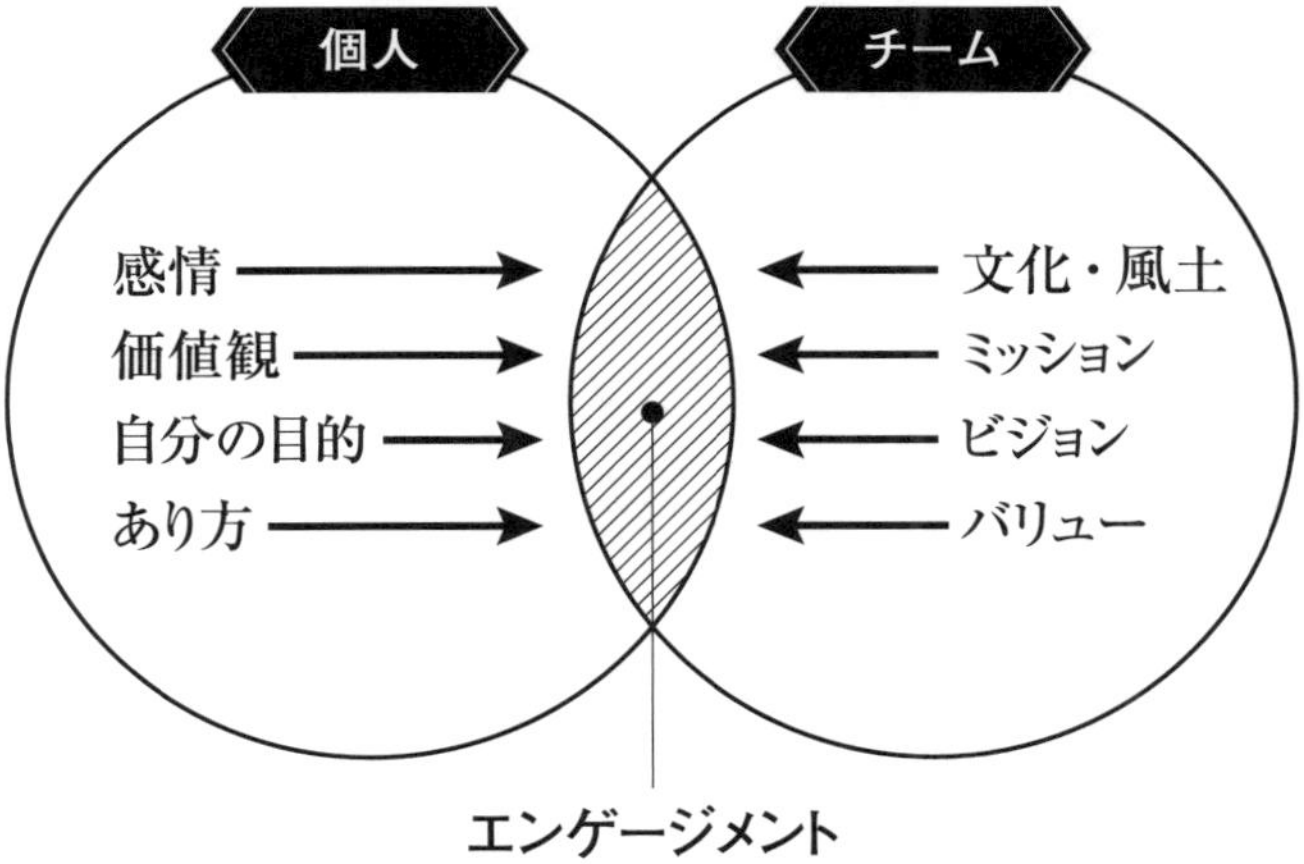

個人が内面に価値を重んじていないと、チームのミッション・ビジョン・バリューはチーム全体に共有できません。

関心を持ち、知ろうとしていますか？　**自分の役割だけで完結せず、仲間の役割を共有すればするほど、チームワークはより強固なものになります。**

東京オリンピックの女子バスケットボールチームは、野球やソフトボールのように役割分担がはっきりしていないチームスポーツの中で唯一メダル獲得したチームです。選手の何人かと仲良くさせていただいており、直接話す機会があった際に、彼女たちは、**結果が出たのは素晴らしいチームワークによるものだった**と感想を述べていました。

さらに彼女たちによると**このチームを率いたトム・ホーバスヘッドコーチが特に重視していたのは、「お互いの役割を徹底的に理解し、共有すること」だったそうです。**もちろん、エクセレントチームの条件はさまざまであり、一概に言うことはできませんが、「チームワークの大原則」を守ったからこそ、チームとして機能して結果もメダルにつながったのではないかと考えられます。役職だけの団体、自分の役割だけを果たしている団体か、お互いの役割までを深く共有し合っているチームなのかどうかが勝負の分かれ目になるのです。

08 コミュニケーション不足がもたらす危機

携帯電話の出現により、人は自分にとって都合のよい情報や相手だけを選びがちで、感情や価値観の違いを避けるために簡単で楽な関係性にしかつながらない傾向があります。このような状態が続くと、人との対話やコミュニケーションが苦手になっていきます。その結果、他者との深い関係を築けず、ただロボットのように働くだけの作業的な団体チームが増えていくと、わたしは危機感を抱いています。こうした状態では、特にスポーツのような競争のある場面で勝つことは決してありません。

チームワークの本質を学ぶために、チームスポーツの体験や経験はこれからのAI時代において、ますます価値のある人間の文化的活動になると信じてい

ます。スポーツに限らず、遊びや音楽、芸術、人と関わる場面で非認知的な経験を通して多くを学ぶことができます。結果に依存する認知的な文明活動だけを是とするのではなく、定量化できない「心」や「質」、そして「あり方（Being）」の存在に気づき、そこに価値を置く非認知的な文化活動の経験が重要です。単なるボランティア活動ではなく、人の内面に価値を感じる体感の重要性をここでは訴えたいと思います。このような価値観を持つ人たちが組織やチームの一員に増えていくことで、チームの質は大きく変わっていきます。

ワーク4

組織のコミュニケーション力をチェックしてみよう！

あなたはチームの中で、どんなコミュニケーションを大切にしていますか？ それは有効に機能していますか？ 周りに関心を持ち、仲間を見ていますか？ 感情に気づき、仲間を知ろうとしていますか？ 自分のことを伝えようとしていますか？ チームワークは、これらの意識と習慣に支えられています。

携帯やパソコンばかりに目を向け、人への関心を失えば、チームは機能しなくなります。チームワークは仕組みや環境ではなく、あなた自身を含む意識の変革、つまりBXから始まるのです。

挨拶は礼儀以上に、他者への関心と気づきを促す日常の大切な習慣です。チーム内の「誰」と「どんな挨拶」を交わしているか、書き出してみましょう。

例：朝、全員に「おはよう」と言っている
部下には「ありがとう」と言っている
社内の知らない人でも挨拶をしている、など前頁で書き出した「挨拶を交わしているチームメイト」に、「元気?」「最近どう?」「どんな気分?」と認知的な解答を求めない非認知的な声かけを意識し、あなたが気づいたことを書き出してみましょう。

チームメイトと「好きな食べ物」などを共有してみましょう。共有後は、ノートにチームメイトの名前を書き出し、共有した人の名前に○をつけましょう。

共有の例：好きな季節、好きな色、好きなスポーツなどチームの目標、各チームメイトが目標を目指す目的、そして話し合いで見つけた全員共通の目的を書き出してみましょう。プロジェクトが始まったり新しい目標を設定したりする度に話し合い、あなた自身のためにそれを記録する習慣をつけましょう。

チームの結果目標：

チームのあり方目標：

チームの目標に対する各人の目的：

チームの目標に対する全員共通の目的：

第5章

協力と成長を生むチームの法則

20 チームワークに必要な「信頼」を育む方法

これまでのおさらいになりますが、チームは「個人」と「全体性」で構成されています。チームが団体と異なるところは、メンバー全員の間に関係性が存在していることです。10人の組織には、10×9÷2＝45もの関係性があり、**その関係の質こそがチームの実力を決定します。そこで最も重要なのが「信頼」です。**

では、「信頼」はどのように醸成されるのでしょうか？　まず、自分のパフォーマンスに責任を持ち、主体的に行動することが、仲間からの信頼を得る第一歩となります。パフォーマンスは「内容」と「質」でできています。この両方に責任を持って行動している仲間であれば、自然と信頼されるはずです。例えば、「言われたことしかしない人」「やるべきことをやらない人」「言われたことすらやらない人」「自分で考えずに行動しない人」を本当に信頼できるでしょうか？

また、「いつも機嫌が悪い人」「常に文句ばかり言っている人」「愚痴ばかりこぼす人」「イライラを周囲に振りまく人」「常に落ち込んで不安がっている人」も、信頼を得るのは難しいでしょう。信頼の源は、主体的に行動し、責任を持つ「Flow Do It」の生き方からしか生まれません。**認知脳と非認知脳をフルに活用し、「バイブレイン」で自分の生き方に責任を持ち、主体的に自分とチームのために行動する人は、自然と信頼される存在になるのです。**

信頼があれば、周囲の人はその人を助けたいと思うでしょう。そして、そうした助け合いが、さらに関係の質を高めることにつながります。また、前章で述べた「共有レベル」を上げることも、信頼を生む重要な要素です。対話やコミュニケーションを通じて「同じ」部分を共有していても、また「違い」を共有していても、そこから信頼が生まれます。主体的に視座を高め、広げ、「同じ」と「違い」を積極的にコミュニケーションしていく人材こそが、周囲からの信頼を得ていくことになるのです。

信頼は当然のことながら、コンビニで買えるものではありませんし、「信頼してくれ」と叫んでも得られるものではありません。**信頼は、個人の主体的な「Flow Do It」の行動と、積極的なコミュニケーションによってのみ築かれる、個人とチームの貴重な財産なのです。**この信頼こそが、組織の非財務的な価値と言えるでしょう。全体で共有された信頼が増すことで、さらなる助け合いが生まれることは間違いありません。

20 真に優れたチームにある「ヘルプ・ザ・ヘルパー」の精神

行動における助け合いは、もちろん重要です。この点については、わたしが監訳した『10年勝ち続ける最強チームの作り方　Help The Helper』（ダイレクト出版）にも詳しく書かれています。この「ヘルプ・ザ・ヘルパー」の考え方は、マイケル・ジョーダンやコービー・ブライアントを育てたバスケットボール界の名将フィル・ジャクソン氏が、チームづくりにおいて大切にしていたモットーでもあります。
フィル・ジャクソン氏は、チームメイトがプレッシャーを押しのけて助け合う際、単なる作業として行うのではなく、自らの視座を高め、視野を広げた行動を取るべきだと述べています。また、**真に優れたチームには「他者の成功に進んで手を貸そうとする確固たる意志」があり、その意志を、情熱を持って遂行する「生きる力」があるとも記されています。**

このような助け合いを可能にするのは、この後に述べる「フォワードの法則」を実践し、自分自身の機嫌を自ら整え、常に余裕を持ってチームメイトとのコミュニケーションを主体的に進めることが大切です。このモットーは、非認知的な思考を磨いていくＢＸがあって初めて実現可能です。そして、ＢＸを実行していくうちに、これは特別な人が持つ才能ではなく、誰にでも可能なものだと理解できるはずです。

わたしの考える「助け合い」の定義とは、互いに心を配慮し合う支援の関係です。そこに信頼関係があるからこそ、「同意」より「理解」の意識が生まれます。また、「期待」より「応援」のマインドが芽生えます。さらに、「結果」より「変化」という視点で支援し合えるようになり、チームには好循環が生まれていきます。これこそが、チームが機能し、チームワークが発揮されるということなのです。

⑩ 理想的なチームメンバーとは？

信頼関係を生み出し、「ヘルプ・ザ・ヘルパー」の精神をもとに相互の支援が生じるには、どのような個人が必要なのでしょうか。あらためて整理し、図で示してみましょう。

縦軸は認知的な思考を担う「認知脳」の軸で、その原動力は結果です。「や

図10 脳の使い方と心のあり方の分類チャート

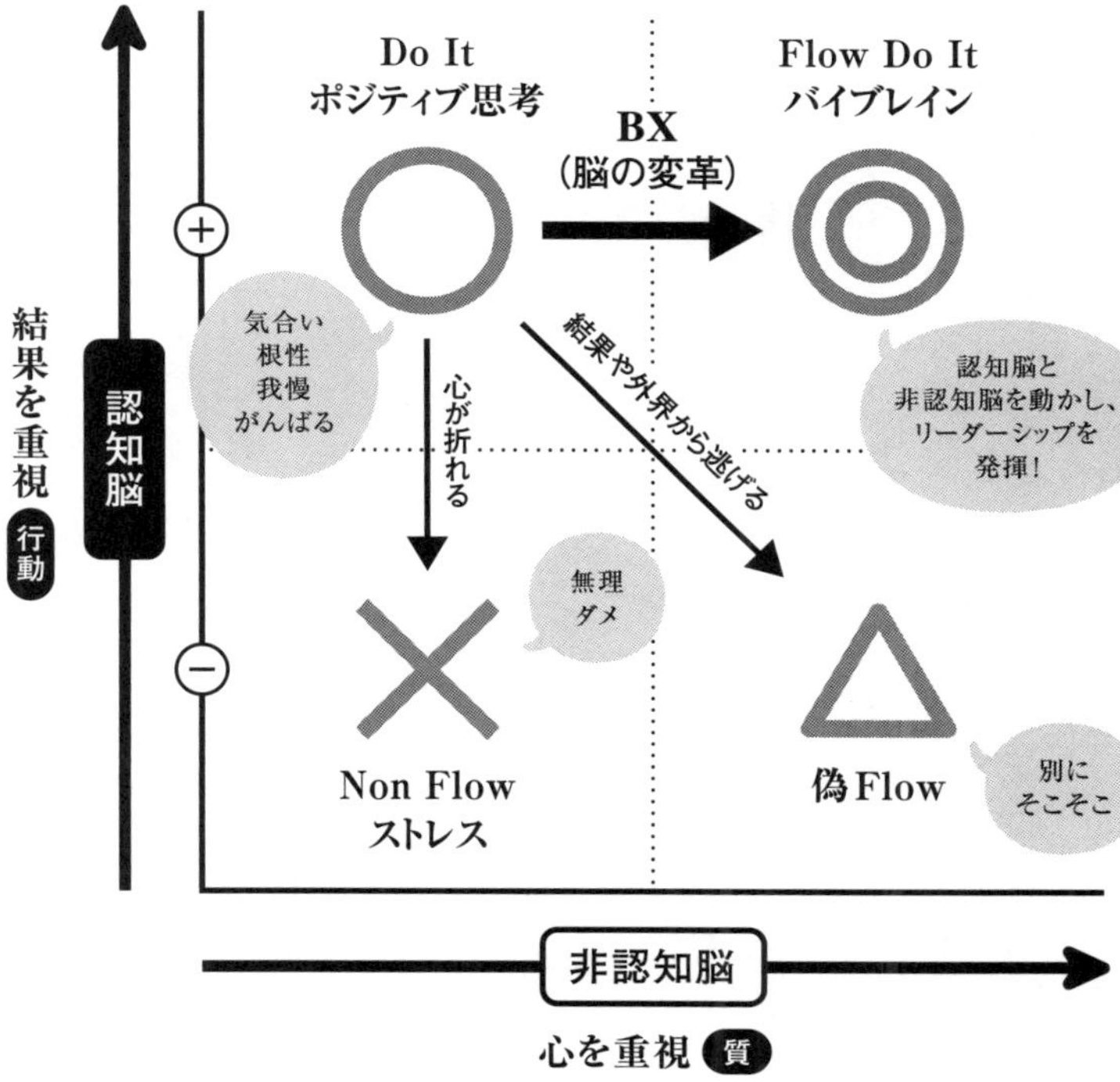

るべきことをする」という視点に立ち、この軸はゼロかイチで分けられます。「結果を出しているか」「やるべきことをしているか」「その行動は正しいか」といった、Do It（やる）や Doing（行動）を重視した生き方を象徴しています。

一方、横軸は「あり方（Being）」や「質」「内面」「心」「自分を大切にする」という側面で、これは非認知脳が担います。この横軸を重視する思考がライフスキルとして重要になります。ゼロイチでは測れませんが、「機嫌が良いか悪いか」「フロー状態かノンフロー状態か」などで、大まかに区別できます。

P187の図10については、**多くの人は左上の「〇」の状態にいるのではないかと思います。この状態は、結果を重視して認知脳をフル活動させ、「やるべきことをやっている状態」です。**しかし、横軸である「内面」や「心の質」を大切にしておらず、心にはストレスを感じています。そのため、質を犠牲にして量で勝負しがちです。わたし自身も慶應義塾大学病院で働いていた若い頃はまさにこの状態でした。いわゆる昔の体育会的だったので、質の悪さを「我慢」や「根性」で補おうとして、溺れそうになっていました。このような状態の人たちは、外的な価値に依存し、外側からの仕組みや施策でチームの課題を解決しようとします。

もちろん、外的な施策も大切なことですが、人の「あり方」を無視した取り組みでは、本書で目指すような理想的なチームワークは生まれません。心の余裕やフロー状態に価値を見いだせない人たちの場ではフローな風は吹かないので、ウェルビーイングを感じる関係や環境は生まれません。その結果、チーム内はギスギスし、殺伐とした雰囲気になりがちです。**この「○」の状態の人々が組織を牛耳ると、心が折れてしまう「×」の人や、面倒なことから逃げていく「△」の人が増えていきます。**

真面目な人ほどこのような環境では心が折れていき、下手をすれば心の病が発症していきます。「×」になると「無理」「ダメ」といった言葉を繰り返すようになり、どんどんノンフロー状態に陥って行動できなくなります。そして「○」の人たちは、「×」の人を弱いと見なして嫌い、さらに追い込む傾向があります。

一方、「△」の人は、ストレスを抱えた「○」の人たちの働き方を見て、「そこまでして結果を追求したくない」と感じ、逃げることで自分を守ろうとします。そんな「△」の人に対して「○」の人はさらに追い詰め、ますます「△」の人は自身の殻に閉じこもっていきます。**彼らは「別に」「そこそこ」といった言葉を使い、チームにコミットしない「偽《にせ》ご機嫌」「偽フロー」の状態に安住します。こうしてチームに「△」の人が増えると、チームは脆弱化し、競争力を失ってしまいます。**

こうした問題や「×」「△」の人を生み出しているのは、縦軸（認知脳）にしか価値を重んじることができない「認知的な○」の人々です。認知脳そのものを否定することはできませんが、本書では、認知的な脳の至上主義ではチームワークは生まれないということを強調したいと思います。

4象限の右上には、「◎」の状態があります。**「○」の状態から「◎」に進化（BX）し、認知脳と非認知脳を統合した「バイブレイン」で生きる人々が増えなければ、組織のウェルビーイングは実現しません。**「◎」の人々は、これまで述べてきた通り、ヒューマンリテラシーに基づいて自分と周囲の生き方に責任を果たし、真のリーダーシップを実現する人々です。

そして、「○」の状態からどの方向に行くのかが、自分やチームワークにとって勝負の分かれ目と言えるでしょう。「◎」の人は主体性を持ち、コミュニケーションに価値を置きます。また、「×」や「△」の人々をも許容し、D&I（多様性と包含）の環境を生み出す力を持っています。

みなさんはチームの一員として、この4人のうち誰が仲間として理想的でしょうか？　誰が部下なら助かるでしょうか？　誰が上司ならついていきたくなりますか？　「◎」同士の間には信頼が生じ、「ヘルプ・ザ・ヘルパー」の精神や支援の輪が広がり、チーム内に好循環をもたらします。

「◎」の状態は役職ではなく、生き方やあり方に基づく選択です。そして、組織が果たすべき責任とは、「ＢＸ」を促進する環境を整え、個人の努力や変革を後押しすることくらいです。組織が先ではなく、個人が先にあることを、わたしたちは忘れてはなりません。

心理的安全性の誤解を解く！　楽な組織と強い組織の違い

心理的安全性なる言葉がビジネス界で言われるようになって久しいですが、それは「甘え」や「ゆるい組織構造」を意味するものではありません。**認知的思考が強い人は「苦しんでいないと成果は出ない」と考えがち**なので、「心理的安全性」と聞くと、「△」の人のように、するべきことをせずに、結果へのコミットを手放して、楽をする「偽ご機嫌」の状況をイメージしがちです。

心理的安全性の基本は「ヒューマンリテラシー」に基づき、組織のパフォーマンスのために、お互いの関係を指示と支援で安心してつながれることを言います。スポーツもビジネスも認知的な世界で勝負している現代では、指示や行動を無視して活動することはあり得ません。指示は明確に、具体的に、時には厳しく伝えなければ、行動、すなわち「するべきこと」が不明確になり、実行できなくなるため問題が生じます。

しかし、指示だけで成り立つ関係では、質が低いだけでなく、お互いがノンフローになるリスクがあります。ストレスを感じてノンフローの中にいると、○でがんばり続けるか、×のように心が折れるリスクだけが高まります。おそらくそれは誰も望まないはずなので、今度は指示が減り、行動が曖昧になり、△が増えていくという悪循環が生じるのです。

真の心理的安全性とは、認知的な指示の世界の中で、一人一人が自分の機嫌を自分で取り、指示にただ従うのではなく、自分で受け止めて行動に反映できる主体性を持つことです。そのためには、非認知スキルを磨き、指示の世界の中でも質高く「◎」で生き抜く力を身につけることが重要です。ＢＸによって非認知スキルを高めることは、ＤＸ（デジタルトランスフォーメーション）に負けないくらい、個人にも組織にとっても急務と言えるでしょう。

また、**自分自身だけでなく、仲間に指示を伝えるためにも支援力が必要です。**支援力が欠けると、指示に自信が持てず、不明確になり、結果的にリスクが生じます。**ヒューマンリテラシーに基づき、行動と心の両面でつながる関係を築くことで、心理的安全性が生まれるのです。**心理的安全性のある組織は、環境や方法論だけでは実現できません。非認知性の高い「◎」な人を増やすことではじめて実現可能なのです。

チームは環境でできているのではなく、人でできています。どんな人たちがそこにいて、どのような関係を築いているかが、チームワーク、ウェルビーイング、心理的安全性、エンゲージメント、D&I（多様性と包含）などの基盤を形づくります。これらはすべて図10の横軸、つまり「質」や「心」、そして「ご機嫌」といったあり方（Being）に価値を置くことからしか育まれないのだと声を大にしてお伝えしたいと思います。**一見遠回りのように見えても、そこにいる人がしっかりとBXしていれば、価値観は風化せず、組織の文化として根づいていきます。**それが人的資本や非財務的価値となり、持続的に成長可能なエクセレントなチームへと成熟していくのです。

自分の機嫌を取る責任が、心理的安全性を支える

自分で自分の機嫌を取れない人たちが集まると、チーム全体がその不機嫌に振り回される環境が生まれます。人は感情や機嫌を完全に無視することはでき

ません。他者の機嫌はどうしても気になるものです。例えば、会議で一人でも機嫌の悪い人がいると、全員がその人の機嫌を気にしてしまいます。その結果、心理的安全性が失われ、質の悪い会議になりかねません。

不機嫌の感染力は小さくありません。ミカン箱の腐ったミカンが他のミカンを腐らせるように、不機嫌も周囲に広がります。自分の機嫌を自分で取ることは、チームにおける最低限の責任でありマナーです。

先述しましたが、不機嫌な人が上に立つと、周囲に深刻なネガティブな影響を与えてしまいます。例えば「今日は部長の機嫌が悪いな」と感じる部下のいる会社、「コーチの機嫌が悪いよね」と話すプレイヤーたちのいるチーム、「お母さん、今日機嫌が悪そうだな」と気にする子どものいる家庭などです。このような環境では、部下もプレイヤーも子どもも、不機嫌に振り回され、ノンフローになり、自分らしく活動することができなくなります。

その結果、部長やコーチ、お母さんの機嫌がよいときを見計らって話そう、相談しようと周囲の人々が考えてしまうでしょう。これによって生じる労働や時間の損失は計り知れません。このような状態は、さまざまなチーム内で日常的に起こっているかもしれません。これこそが心理的安全性の欠如した環境なのです。

上に立つ人が指示の権限を持っているがゆえに、正しさだけで周囲を支配するようなチームでは、スピード、自由、創造性といった、これからの時代に求められる要素は生まれません。それどころか、**心理的安全性のない環境では、チームワークの要素が失われるだけでなく、組織にとってさらに深刻な問題が生じます。それが「嘘《うそ》」です。**

上の人が不機嫌だと、周囲の人々はその機嫌を損ねないように気を使い、その結果、気に入られることを最優先に考えるようになります。この状況では、真実を伝えるよりも嘘を伝えるリスクが高まります。そして、この「嘘」が組織を崩壊へと導くのです。不機嫌で周囲を動かそうとする行為である不機嫌ハラスメント（フキハラ）が、「鬱《うつ》」だけでなく「嘘」の温床となることは恐ろしい真実なのです。

このような環境は、団体としての管理型組織であれば、ある程度機能するかもしれません。しかし、チームワークを重視し、新しい時代を強くしなやかに生き抜いていくためには、このような状態は致命的です。

⑩ 非認知スキルが多様性と包含を可能にする

多様性は認知的な世界で認知的に形づくることができます。それはまさに「形づくる」という言葉通り、見える形で多様性を可視化することです。例えば、障がいのある方、女性、若年者、高齢者、国籍の違いなど、見える部分での違いを形式的に取り入れる知恵は認知的な思考によって生まれます。まだまだそれすら実現できていない組織が存在するのも事実です。そのような組織では、形としての多様性すら拒絶し、強烈な固定観念やしきたり、伝統や常識、過去の事例に囚われ、変化を受け入れられないことがあります。

その背景には、認知的な脳の特性があります。個人の脳内に存在する固有の固定観念が、変革を拒否する理由づくりに奔走させているのです。多様性や変革の最大の阻害因子の一つがこの「囚われ」だとすれば、非認知性を高めて囚われを解放し、自然体で行動できる人を増やしていかなければ、包含はもちろん、多様性すらも実現しないかもしれません。

自分自身を会社に例えれば、その自分会社「ヘッドオフィス」である、脳の中の認知的な支配が強いと、通常の不慣れな役割や非認知的な思考を取り入れることを拒む傾向があります。すなわち、自分会社の取締役会の判断が常に認知的であるということでもあります。それは自身の中の多様性すら否定してしまっている状態です。社会に長いしきたりがありDX（デジタルトランスフォーメーション）が進まないのと同様に、個人の中にも長年の習慣があり、BXが実現できない状態です。自分の脳に多様性のある働きをインストールできない人が集まっても、組織には多様性は生まれません。チームの多様性を実現するには、まず個人の脳の使い方の多様性を育むことから始めなければなりません。そうしなければ、多様性はもちろん、その後に必要な「包含」も実現しないでしょう。

包含は、チームが機能するために多様性のある個々が有機的に生まれることです。包含は形や形式ではなく、人への許容によってしか生まれません。これまで述べてきた共有や関係の質を高められる非認知スキルを持つ個人がいなければ、包含を実現するのは難しいのです。お互いが人そのものを尊重し合えなければ、包含は生まれません。

人を尊重するとは、その人の役職や肩書といった表面的なものではなく、その人の感情や思い、目的やあり方を重んじることです。それは非認知スキルによって可能になります。人の価値はその人そのものの内面にしか存在しません。その人の存在と権利を認めるという視点が重要なのです。認知的な思考では、他者への価値は外面的なものに限られ、比較や評価からしか見いだせないのです。

包含するためには、その人の人格をフラットに見る力が必要です。認知思考は言葉が誕生して以来、意味づけの役割を人類にもたらしました。人やモノを「ファクト（事実）」ではなく「意味」で見るようになったのです。同意や正誤、さらには優劣や上下といった意味づけも、認知脳が引き起こしてきました。この意味づけこそが、多様性と包含を阻害する原因でもあります。自分をあるがままに見られなければ、他者をあるがままに見ることはできません。あるがままこそ、自分のBeingであり、人のBeingでもあるのです。

意味づけをしている自分に気づき、意味よりもあるがままのその人のBeingを見ることが、非認知脳の役割でもあります。チームにおける多様性と包含の関係には、この非認知的な脳機能が不可欠です。

　わたしが非認知スキルのトレーニングでサポートしているパラリンピアンの富田宇宙さんは、高校時代に網膜《もうまく》色素《しきそ》変性症《へんせいしょう》を発症し、現在は全盲のパラスイマーです。彼はD＆I社会への提言を続ける素晴らしいアスリートですが、全盲であることで得た洞察があります。**それは「人はそれぞれさまざまな強みや弱みを持ち、それを良い悪いという意味づけで評価し合い、時には傷つけ合っている」ということです。強みや弱みは良し／悪しでも、優れている／劣っているということではなく、その人の中の濃い部分や薄い部分というただの状態に過ぎません。**この考え方は、人々の自己存在感を育み、仲間同士の関係の質を維持し、多様性と包含のある社会を促進すると彼は述べています。わたしもこの考えに深く賛同しています。評価の意味づけをはずして、その人その人のあるがままの存在を認め合う関係の質づくりがD＆Iのチームを生み出していけるでしょう。

非認知脳を働かせ、いつでもどこでも外界に依存せず、揺らがず囚われず、機嫌のよい状態を自らつくることが、関係の質を構築するために絶対的な条件と言えます。機嫌が悪いと、人は他者への想像力を欠き、意地悪になり、違いを認められなくなり、あるがままのその人を見ることが難しくなります。日常の人間関係を築く上で、この地味なスキルと心の状態が実は非常に重要です。しかし、このことが後回しにされ、仕組みで何とかしようとしているのが現代社会の現状です。

例えば携帯電話で、電話、LINE、メッセンジャー、あるいはインスタライブ、XのDMなどで人とつながろうとしたとき、どんなアプリよりも、まず自分の携帯電話のアンテナが十分に立っていて、電波がつながっていることが重要でしょう。圏外の状態だと、どんなコミュニケーションアプリも使うことができません。Wi-Fiが非認知スキルであり、受信するアンテナの状態が心の状態であり機嫌です。多様性と包含のある社会のためにも、非認知性を育み、自分の機嫌を整え、関係の質を維持できるよう生きていたいものです。そして、そのような人たちが集まるチームに所属していたいと思います。そのような会社であり、社会であり、地球であってほしいと願います。そのすべての始まりは、自分自身のＢＸなのだと理解し、自分の心がけから始めていきましょう。

◎「フォワードの法則」を実践する！

「ヘルプ・ザ・ヘルパー」、「心理的安全性」、「多様性と包含」は、いずれもチームを機能させるために重要な要素です。そして、それを実現するには、チームに所属する人々が主体的に非認知脳を育み、人間の仕組みに従って内面を重視する生き方をする人材を増やしていく必要があります。非認知性の高い人は関係の質を高めるために、単なる支援だけでなく、「フォワードの法則」を大切に生きています。

フォワードの法則とは、人は与えることで自分自身の心のエネルギーが増し、

ご機嫌になるという法則です。しかし、人は基本的には認知的な存在であるため、周りに何かを与えるよりも、もらうことに依存して自分の幸せを得ようとしがちです。つまり、認知的な脳は「ほしい、ほしい！」「くれない、くれない！」「もっと、もっと！」と考え続けて生きているのです。しかし、このようにいくら考えても、望み通りに得られる保証はなく、結局は不満を抱え、文句ばかり言って、また不機嫌になるというように、ストレスの中で泳ぐことになります。

認知脳がある限り、周りに依存してしまうのは避けられませんが、それでは不幸になるリスクがあるのみで、ご機嫌な自分をつくることはできません。このような思考が強い人ばかりのチームでは、個人主義の文句言いばかりが集まる「イケてない」チームになってしまいます。人はプレゼントをもらうと喜びますが、プレゼントですら自分のほしいものでなければ文句の対象になりかねません。

一方で、プレゼントをあげたときに心がご機嫌になった経験は今までにないでしょうか？　またはモノはあげなくても、誰かを喜ばそうと考えているだけで、心にご機嫌な風が吹いた体験はありませんか？

プレゼントをあげる行為にはモノやお金が必要なので、いつでもどこでもできませんが、**相手の心の状態にエネルギーを与えようと考えるだけで、自分自身の心のエネルギーが増すのがフォワードの法則です。**物理学で習う「エネルギー保存の法則」では、エネルギーの総和はいつも一定で、一方が高まると他方が低下するとされていますが、人間の場合はそうではありません。相手の心のエネルギーを増やそうと考えることで、こちらのエネルギーが減るどころか、むしろ同じかそれ以上に増えるのです。

ミラーの法則のように「与えるから返ってくる」というものではなく、「与えようと考えるだけで自分のフロー化が起こる」というのがフォワードの法則の本質です。この意識は自分の心のためのものなので、この考え方自体が非認知スキルの1つです。自分の心のために「与える」という思考を意識する仲間が集まったチームは、結果的に与えられる側面も増え、ヘルプ・ザ・ヘルパーとなってチームワークがよくなり、ウェルビーイングな組織となるでしょう。大きなお金や環境整備も不要で、誰もが損をしない自然なウェルビーイングのつくり方です。この法則を理解し、非認知脳を自分のために活用している仲間が増えることが大切です。

自他のエネルギーを生み出す3つの思考

フォワードの法則に基づくエネルギーを与える思考には、大きく3つの種類があります。

1つめは3章のコーチ力でも出てきた「応援思考」です。別名「チアマインド」とも言います。人は、他者を応援しようと考え、応援のマインドを持つだけで、自分自身の心にご機嫌が芽生えます。応援には対象や理由は不要です。意識しすぎると認知的な応援となり、見返りを求める「期待思考」になってしまいますので気をつけましょう。**大切なのは、自分のために心の中で「がんばれ！」と思う感覚です。**

2つめは「思いやり」です。英語ではconsideration《コンシダレーション》やkindness《カインドネス》と訳せるかもしれませんが、わたしはこれを**「リスペクトマインド」**と呼んでいます。ここでいう「リスペクト」は「尊敬」ではなく**「尊重」**の意味合いです。仲間に対して尊重するという思いやりを抱くだけで、こちらの心は清々しくなり、フローな風を自ら吹かせることができます。ただし、これまた油断して認知脳が出現して相手を分析しすぎてしまうと、意地悪や蔑みの思考が生まれ、相手も自分も不機嫌モード全開になるので注意が必要です。認知脳、恐るべしです。理屈や理由を深く考えすぎず、とにかく自分自身のために、周りに思いやりやリスペクト思考を持ちながら、チームの一員でいましょう。

3つめは感謝の思考で、「アプリシエイトマインド」とも言います。日本の感謝の教えは、「○○してくれたから感謝しましょう」という相手に対する礼儀的な要素が強いですが、フォワードの法則の感謝はそれとは異なります。企業がしばしば実施しているサンキューカードなど、相手のために行う条件つきの礼儀的な感謝でも、感謝された人はもちろんご機嫌になります。

一方、**フォワードの法則に基づく感謝は、ありがたいと感じて「ありがとう」と言うことで、自分自身がご機嫌になるという考えです。**これも、感謝の対象や理由はいりません。対象や理由にこだわりすぎると、また認知脳がむくむくと出てきて、文句を思考し始めます。また、感謝を言葉で伝えることは、ここでは重要ではありません。

理由や対象を深く考えすぎず、自分のためにエネルギーを仲間に無作為に投げ出すようにありがとうと感謝を意識することで、自分のエネルギーも高まっていきます。

フォワードの法則に従った自分の心のための３つの非認知的思考を実践しているることが「ヘルプ・ザ・ヘルパー」の助け合いの精神を生んでいます。助け合うのは自己犠牲の上に成り立っているのではなく、すべて「自分のため」です。これは、自分の心の豊かさを高めるために他者にエネルギーを与える生き方なのです。

フォワードの法則に従い、非認知スキルを活用することで、チームは必ず豊かになります。この豊かさとは、業績や売上、株価といった財務的価値ではなく、風土や文化としての豊かさです。そして、この豊かさを一人一人が育んでいくことで、最終的にはチームとして望む結果も伴ってくるようになるのです。目標や結果を追いかける前に、自分とチームのあり方を一人一人が非認知スキルを用いて育んでいきましょう。このような構造のチームづくりをしている組織は、持続可能な成長を続けられることでしょう。

ワーク5

人間関係におけるフォワード力をチェックしてみよう！

与えることを意識すると、自分の心に豊かさがもたらされ、チームの活性化につながります。この非認知思考を磨くには、次の5つのステップを繰り返すことが重要です。

ステップ1　知識として覚える（フォワードの3大思考を忘れないようにする）
ステップ2　意識する（それぞれの思考を日常で意識する）
ステップ3　体感する（フローの風を感じる体験を得る）
ステップ4　共有する（ご機嫌な経験を人と話す）
ステップ5　スキル化する（ステップ1〜4を繰り返していく）

これらの5つのステップは頻繁に見直して、非認知スキルを磨き、脳の中にインストールしていきましょう。

あなたの「応援思考」（チアマインド）は5つのステップのうちのどの段階ですか？　そもそも忘れていたらステップ0です。どんなときに意識して、どんな体感があり、誰とその話をしていますか？

あなたの「思いやり思考」（リスペクトマインド）は5つのステップのうち、どの段階にありますか？また、ご自身の日常でどこまでできているか、振り返ってみましょう。

「感謝思考」（アプリシエイトマインド）は5つのステップのうち、どの段階にありますか？　どこまでできているか、ご自身の日常を振り返ってみましょう。

第6章

自分が愛せるチームをつくっていく！

08 自分が愛せるチームづくりは当事者意識から

第1章で「エクセレントなチームとはどのようなチームなのか」考えるワークを行ったと思いますが、本書をここまで読んで、あなたが実際に目指したいチーム像をあらためて考えてみましょう。今のあなたのチームメイトは、真のチームを目指しているか、それとも団体でいることに満足してしまっているのかについて、話し合ったことはありますか？

リーダーがチームのあり方をすべて決めるわけではありませんが、あなたの視点ではリーダーはどのようなチームを目指そうとしているのでしょうか？また、あなたがリーダーの場合は、どのようなチームを目指しているのか自問してみましょう。

そして、あなた自身の本音は、団体とチームのどちらを目指したいですか？それとも、仲間のみんなに従いますか？　または、自分の考えを貫き、まずは自分からチームワークを醸成していきたいですか？

一気に周囲を変えることは難しいかもしれません。しかし、チームにチームワークを育みたいなら、まず自分自身のためにＢＸを進めてみましょう。そして、同じように団体ではなくチームづくりを望んでいる人や、自分のためにＢＸを進めたいと思っている人がいれば、ぜひその人と本書の内容について話してみてください。

本書で最も伝えたいのは、チームはリーダーや第三者がすべてをつくるわけではなく、そのチームを構成する一人一人の個人からしか始まらないということです。チームは、その構成員である個人の脳の中に、どのような考えがあるのかということにかかっています。つまり、チームづくりは個人のあり方から始まるのです。

では、どのような個人がどのようなチームをつくり出していくのでしょうか？　その人はエクセレントなチームを望んでいるでしょうか？　どのような考えや姿勢を持っているのでしょうか？　今まで繰り返し解説してきたように、これらがチームの形成に影響を与えるのです。

確かに、多くのチームには既存のヒエラルキーがあり、リーダーを変えることは簡単ではないかもしれません。しかし現状がそうだったとしても、**あなたが所属する組織がチームとして機能するかどうかは、誰か一人の個人の変化からしか始まりません。**誰か一人の変化とはすなわち、認知的な組織や人たちの中で、あなた自身の脳に変化を起こすことなのです。チームづくりの前に、思考の幅を非認知性まで広げるためのＢＸを起こしていく自分づくりを、自分のためにできるかどうかです。その変化への自己投資は、自分にとってもなんら損になることはないはずです。

できない理由はいろいろあるでしょう。しかし、一気にチームを変えるよりも、自分自身の意識の習慣を広げていくことの方がまだ可能性があります。それは今までの意識を変えるのではなく、新しい非認知的な思考を新たに意識していくようにすることなのです。それは少しずつかもしれませんが、次第にバイブレインなあり方のあなたを生み出していくはずです。

08 ヘッドオフィスの改革が、あなたの未来を変える

先に述べたように、自分自身を「会社」に例えてみてください。そのヘッドオフィス（本社）は、あなたの脳です。ヘッドオフィスでは、どのような社内会議が行われていて、経営＝生き方の方針を決定しているのでしょうか？ヘッドオフィスの中に、非認知性を意識してBXしている新しい発想の柔軟な非認知思考の人はいますか？　あなたという会社の経営陣は、どんな思考をしていますか？

もしあなたのヘッドオフィスでちゃんと発言してくれるのであれば、あなた

という会社の経営はバイブレインの状態の多角的で柔軟な視点を持つ経営に進むはずです。そんな「自分会社の経営」にまず取り組まなければいけません。

あなたは、今所属している組織に一生いられるわけではありません。そこで、**自分会社の経営を健全でウェルビーイングなものにしていきましょう。**その「1ミリの変革」が、あなたの視野を広げ、言動を変え、仲間と共鳴し、チームが機能する可能性を生み出すでしょう。もちろん、チームが変わらない可能性もあります。しかし、自分会社への投資は必ずあなた自身に還元されます。この第一歩が、非認知的な思考を働かせるためのBXなのです。

チームのために自己犠牲となって、変革を試みて、その結果、疲れ切って人生を棒に振るのではなく、まず自分のために、自分を成熟させてみるのはいかがでしょうか? **ここでいう「成熟」とは、自己変革させ、成功よりも、自分を成長させ、豊かにすることを指します。**

自分の機嫌だけを考えて、チームや周りから逃げてあきらめ、偽ご機嫌となって「△」のふるまいをするのでもなく、がんばりすぎて「×」のように心のエネルギーを枯渇させるのでもなく、どうせ生きるのなら、あなたがどのような組織にいるとしても、質や心、本来の人間の仕組みに価値を感じて、「◎」へと右方移動する自己投資はいかがでしょうか？　「チームワークの大原則」を通して、自分自身の見直しと、これからの生き方のヒントになれば幸いです。

∞ 難しさを感じても、まずは「意識してみる」ことから

ＢＸは誰にでもできることです。難しく感じるのは、その思考法に慣れていないからというだけなので、ご安心ください。あなたの家族や先祖を振り返ったとき、代々、自分の感情に気づけない、ご機嫌でいることを拒否する、自分の好きなことを考えられない、目的を考えるのが無理だという人ばかりだったでしょうか？　きっとそうではないはずです。もちろん、周囲にはそのような

環境が実際に存在しているかもしれませんが……。あなたの脳に新しい壁をつくって、最初から「難しい」「無理」などと言わず、とりあえずあなたが意識してみることから始めましょう。あなたが意識することを邪魔する人は、どこにもいないはずです。

世の中は認知的ですから、「とりあえずやってみる！」という言葉に溢れていますが、脳に思考習慣の幅を広げるのがＢＸですから、「とりあえず意識してみる」からがスタートです。非認知の思考は金銭的、時間的な条件なく実行できるので、「難しい」や「無理だ」という言葉は禁句です。すべてはあなた次第ということになります。

このＢＸの原動力は、いきなりチームを改革するためのエネルギーではなく、あくまでも初期の第一歩はすべて「自分のため」だと思ってスタートしてください。このＢＸが、これからの人生で非認知性を磨き、自分会社を経営する上で、なんら支障をきたすことはありません。どうせやるなら、どうせ同じ時間を過ごすなら、せっかく働くなら、機嫌よく生きたくありませんか? 自分自身のBeingを何よりも大切に、Wellな状態でフローの中でご機嫌に生きていきましょう。

「2-6-2の法則」から始める!

これまでに何度も、「チーム変革はまず自分から!」というお話をしてきました。それにしっかりコミットできたら、次のアクションに進みましょう。

組織では通常、新しい変革のアイディアやプロジェクトが持ち込まれると、「2-6-2の法則」に従う傾向があります。初期変革メンバーとなって組織の新しい風土に向けてコミットして中核となる人材は2-6-2の20パーセントということです。一方で、新しいことに反対し、保守的な姿勢で変革を疎外しようとする人たちも20パーセント存在します。残りの60パーセントは、多くの人がそれでよいと思えばその方向に迎合する、大多数の層です。

多くの場合、組織改革において問題視されるのは、「変革を望まない20パーセント」で、この層をどう変えるかに注力し、泥沼にはまってエネルギーを浪費してしまいます。**この20パーセントは変えられないことが多く、仮にこの人たちを辞めさせて変革しようとしても、残りの人たちが新たな「変革を望まない20パーセント」を形成します。**こうしたことを繰り返していては、組織に人がいなくなってしまうリスクがあり、持続的な変革にはつながりません。

では、どうすればいいのでしょうか？　そのためには、次の2点が重要です。

実は組織風土の変革は、「真ん中の60パーセント」の行方にあります。2-6-2の6の半分である3を取れば、変革推進メンバーの2と合わせて5、すなわち、半数以上がご機嫌に価値のあるFLOW DO ITな◎の人材になり、組織変革が起き始めます。

そして、変革の推進役となる20パーセントがめげないことです。例えば、10人の組織であれば、変革の推進者はあなたを含めて2人必要です。その一人は誰か思い浮かぶ人はいますか？　そして、あなたとその一人で、真ん中の6人のうちの半分である3人は誰なのかを議論し巻き込んでいくことができれば、5人は変革者として、組織風土を新しく形づくり、変化へと導いていけるはずです。あなたから始まる組織変革は、大それたことをしなくても実現は可能なのです。

変革反対者を変えようとするエネルギーよりも、自分へのエネルギーと変革の同志を探すエネルギーに投資していきましょう。その方がきっとやりがいもあり、その活動がチームワークにつながる可能性が高いと考えられます。

オセロ戦略で考えるチームの変革

このチーム変革への道を、わたしはオセロゲームに例えて説明しています。

オセロで、あなたが白で勝とうとするなら、どう戦略を立てますか？　盤面の真ん中に白をたくさん置いても、黒に挟まれればすぐに裏返されてしまいます。

この状態は、2－6－2の「真ん中の60パーセント」に相当します。
一方で、オセロの角《かど》の四隅は、どんなに黒に囲まれても裏返されることのない安定した場所です。これが、ご機嫌で生きてウェルビーイングを推進し、自らのBXに責任を持とうとする人のあり方に似ています。まずはあなた自身がこの「角の白」になることにコミットしましょう。

たとえ盤面が一時的に黒だらけになったとしても、どこかに白の1枚があれば、一気に状況を変えることができます。角にいる残りの3つの白を現実社会で見つけていくことです。それまで、あなたは角にしっかりと位置し、さらに角の近くや端に白を置く仲間を見つけていきましょう。チーム変革を「大原則」に則って、オセロゲームになぞらえ、楽しく、そしてご機嫌で進めてみてはいかがでしょうか？　あなたが「角の白」である限り、たとえ盤面がすべて黒であったとしても、裏返されることはありません。そのことが何よりも、チームの変革プロジェクトには大切だとイメージしてほしいです。

組織がエクセレントなチームに生まれ変わっていく道は長いかもしれませんが、このオセロゲームは必ずゲームオーバーの瞬間が訪れます。たとえどんな結果に終わろうとも、**あなた自身が四隅の角の白であれば、それは永遠に白であることに変わりないのですから、あなたは試合には絶対に負けはないということでもあります。自分が非認知性を磨き、Flow Do It しながらウェルビーイングでいることに、まずは自分のために全力を注ぐ決意を、本書を通じてしていただくことがわたしの願いです。**

『スラムダンク勝利学』の執筆をきっかけにこの仕事を始めた頃、わたし自身のオセロゲームは真っ黒でした。あきらめずに心の話や非認知脳の重要性を訴え続け、四隅の1つにいたところ、徐々に盤の角にいてくれる簡単には裏返らない仲間たちが見つかり始めました。そして今、こうして本書を読んでいるあなたも、わたしのオセロゲームにおける「角にいる白の一員」の一人です。この流れが生まれたのは、ＡＩ時代の到来や教育の限界に気づいた人たちの増加、

図11 チームの変革は「オセロゲーム」

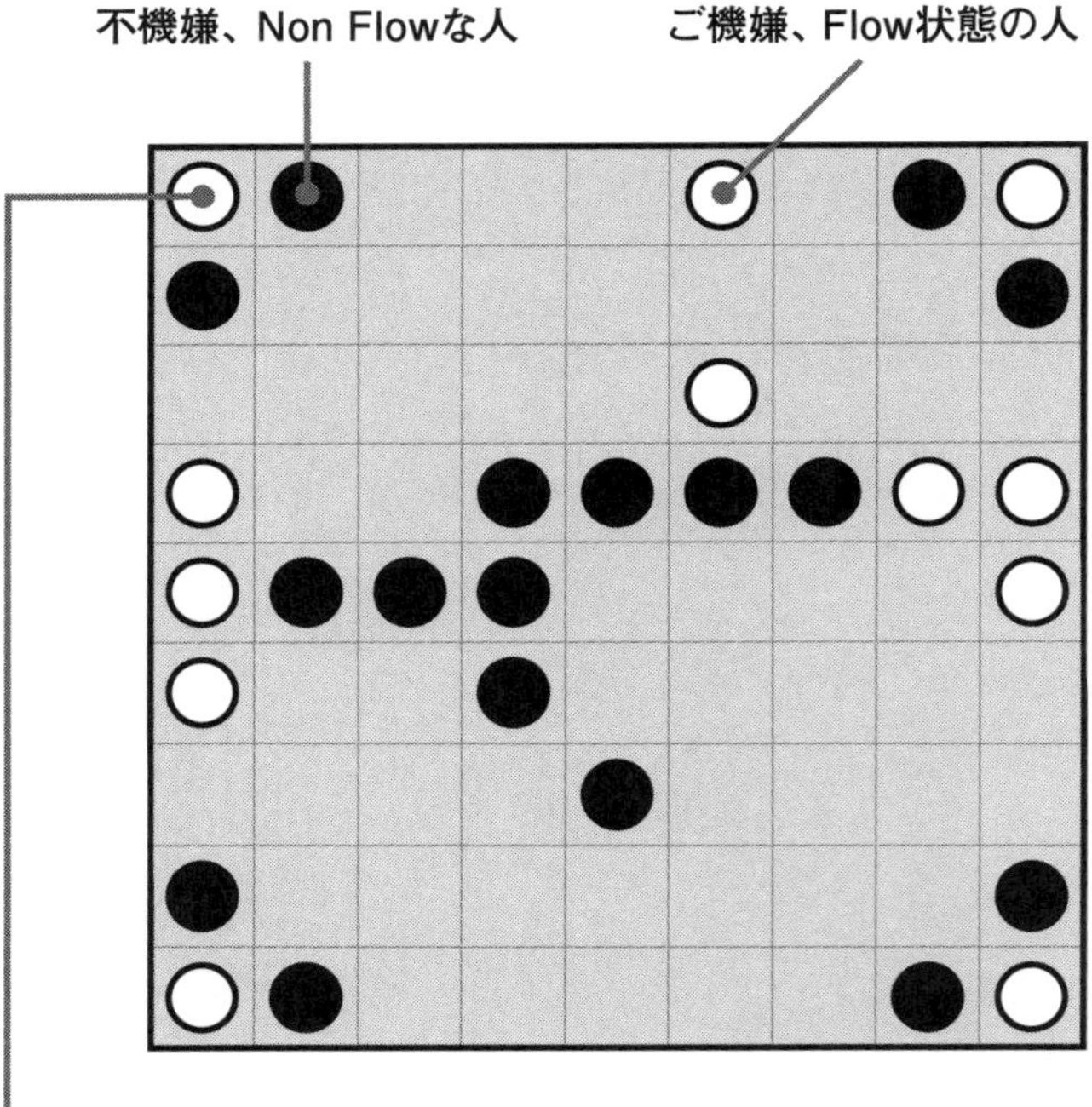

チーム変革をしている、またはしようとしているFlow状態の人を「四隅の白い石」で表しています。このような人は、相手の石に挟まれることなく、永遠に白（Flow状態）でいることができます。

組織の改革、チーム変革の道はまさに「オセロゲーム」です。仮に白を「Flow状態の人」だとして、オセロのように黒を白で挟めば、現実社会でも白の「Flow状態の人」が増えるという仕組みになっています。

認知的な脳で奔走するだけでは生き残れないと感じる人たちが増えたこと、あるいは「ウェルビーイング」や「心理的安全性」がビジネス界で叫ばれるようになった背景があるのかもしれません。

この時代に、この『チームワークの大原則』を執筆できたことにも感謝の思いで一杯です。オセロゲームはまだ続いていますが、これからもみなさんと一緒に、この社会というチームのオセロゲームを楽しんでいきたいと思います。

㉒「One for Team, Team for One」の恩恵！

「One for Team, Team for One」という言葉をご存知でしょうか？　これは**「一人はチームのために、チームは一人のために」**という考え方を表しています。

この言葉は、本書で伝えたいことを一言で表した素晴らしい概念だと思います。

チームのために何ができるかを考えるとき、この章で強調しているのは、それが自己犠牲や自己滅却を伴うものではないということをよく理解することです。むしろ逆に、チームのために個人ができることとは、まず自分を大切にし、自分で自分の機嫌を取り、自分がするべきことを考え、コミュニケーションを取りながら、自ら実行していく姿勢なのです。これを一言で言うならば、Flow Do It な自分であるということです。

繰り返しになりますが、ここで重要なのは、まず自分の心を外界の環境や出来事や他人に振り回されることなく、自分で自分のために機嫌のよい心の状態を整えることです。**ご機嫌の状態であれば、余裕が生まれ、視野が広がり、イメージが湧くようになるでしょう。また、集中力が増し、切り替えも早くなり、やり抜く力が高まります。さらに、他者を許容し、対話や会話に積極的になり、質の高いコミュニケーションが生まれ、自ら挨拶をするようになり、周囲への感謝や応援もできるようになるはずです。**

これらすべては自分のためにすることですが、その自分のあり方そのものがチームのためになっていきます。余裕があり、視野が広がることで、自分のすべきことの範囲を広げ、チームのために働きかけたり、情報を共有したりすることができるようになるのではないでしょうか。

逆に、これらがうまくできないのは、チームに原因がたくさんあるのかもしれません。それでも、チームの責任にするのではなく、あなたが不機嫌であることが本質かもしれません。もちろん、組織やチームにストレスや不機嫌を引き起こす原因があることはわかりますが、いくら嘆いていても状況は変えられないことの方が多いので、結果的に、自分の機嫌は失われたままになってしまいます。

しかし、そこであなたが悪いと自責の念を抱くのではなく、「自分のために自分の機嫌を取ろうとする」原点に戻ることです。そのためには、非認知脳を活用し、自分がご機嫌でいるとどうなるのかを探し続けることが大切です。**外界にある不機嫌の原因に負けるのではなく、自分の内側にあるご機嫌の価値に常にアクセスし、自分を守り続けるのです。**

これを習慣にしている人は、**その存在だけでチームに貢献している**でしょう。

そして、もしチームの中に、あなた以外にも同じ志を持って働き、生きようとする仲間がいれば、その瞬間からチームはエクセレントな方向へと少しずつ変革を始めるのです。

少しでもご機嫌でウェルビーイングな組織へと変わり、チームが機能するようになれば、その成果は必ずあなた自身にも返ってくるでしょう。

あなたのご機嫌がチームをウェルビーイングに導く

自分のウェルビーイングを優先し、自分がご機嫌でいられる状態をつくることは、決して会社や組織に「負けた」ということではありません。嫌な上司やリーダーに屈したわけでもありません。自分の周りと戦って勝ち負けを決めることが目的ではなく、どんな理由があっても不機嫌になっているのは自分との闘いに自分が負けているのだということを理解しましょう。

自分の機嫌を取りながら、余裕を持ち、チームが機能するように自分から働きかける視点で行動してみてはどうでしょうか。不機嫌なままでいるよりも、ご機嫌に価値を高めて、非認知脳を活用して生きる方が、何かできることが見えてくるはずです。

それはチームを変えるのではなく、あなた自身がご機嫌なチームにするためにできることはないかと考えたり、チームが持つミッション・ビジョン・バリューを共有しようと耳を傾けたり、自ら挨拶をしたりすることで、日々のルーティンワークが会社や組織のためになっていると気づけたりするのです。

良質なエネルギーのあるOne（一人）は必ずTeamのために意識を向け、行動をするようになります。逆に個人がチームのために行動できないのはOneとして余裕がないからに他なりません。**あなたを含むOneが非認知性をBXしていければ、チーム変革の第一歩が自然に始まるのです。それこそが「One for Team」の原点です。**このOneづくりがチームワークの大原則ということをあらためて肝に銘じてほしいと思います。チームをいきなり変えようと思うのか、それともBXしたOneづくり、自分づくりをするのか？　どちらが難しく困難だとあなたは思いますか？

そして、もし自分のTeamがエクセレントになっていったら、あなたにどんな恩恵がやってくるのかも想像してみてほしいのです。そんなチームから得られるものは何でしょう？　あなたのやる気やモチベーションはどうなるでしょうか？　あなたの日々の安心感はいかがでしょう？　会話の質はどうでしょう？　元気や健康もやってくるのではではないでしょうか？　さらにはあなたのやりがいも手に入るかもしれませんし、もしかするとお給料アップにもつながるかもしれません。

あなたのウェルビーイングはチームのウェルビーイングを導き、ウェルビーイングのチームはあなた自身のウェルビーイングをもたらす――。そのようなイメージを持つことができれば、「チームワークの大原則」への道がスタートしたと言えるでしょう。

08 100年続く企業に学ぶ「あり方」を貫く組織のつくり方

チームのビジョンや目標、ミッションを外部に示すことはよくあります。それは非常に重要なことですが、やはり自分たちのチームがどのようなチームでありたいのかを、構成メンバー全員が「自分事」として考えていかなくてはいけません。社外や部外に向けた方針は組織やチームのリーダーという役目の人たちが決めて発表し、内部に落として、社会に共有させていきます。それはチームもまた認知的な人が集まった、外向きの認知的存在だからです。

しかし、自分自身と自分のチームを一心同体と考えた場合、そのチームも「非認知的にどうありたいのか」を内側に目を向けて考えなければなりません。

「どんなチームでありたいのか？」この問いに答えるのはリーダーだけの役割ではなく、メンバー全員の役割です。「わたしたちのチームはどうありたいのか？」という共有できる「あり方目標」を持つことが、チームワークの大原則の1つです。

自分自身と自分のチームを仮に一心同体と考えたなら、そのチームもどう非認知的にありたいのかをチームとして内側にベクトルを向けて考えねばなりません。「どんなチームでありたいのか？」という疑問の答えを出すのは、リーダーの役割ではなく、全員の役割です。わたしたちのチームはどうありたいのか？共有できるあり方目標を持つということがやはり何よりもチームワークの大原則の1つとなるのです。外向けのブランディングや戦略は「何を成し遂げたいのか」というアピールですが、それを成すための自分たちのあり方に目を向けている組織がチームワークがあり盤石な基盤を持つと言えるでしょう。

例えば、100年続く会社や真のホワイト企業は、この「あり方」を大切にしています。「自分たちのあり方や理念を貫いていったら、売り上げや結果もついてきて、100年生き残りました」ということなのだと思います。チームや会社も1つの生き物だとすれば、そこにもBeingがあるのです。そのBeingを形成しているのは構成メンバー一人一人のBeingでもあるはずです。

個々のBeingがWell-being（健全なあり方）である集まりは、組織全体のBeingを理解し、大切にし、進んでよりよいものにしようとします。それは自己犠牲ではなく、「自分のため」にもなるとわかっているからです。そのすべては、自分の中にある「ご機嫌の価値」を原動力として生きる自分をつくることにつながるでしょう。

08 社員がイキイキ働く、真のホワイト企業

わたしは、「ホワイト企業大賞」の企画委員を拝命して、微力ながら活動しているのですが、この活動中に感じたことがあります。ここでいう「ホワイト」とは、定量化できるような女性役職者の数や障がい者雇用の雇用率、残業がないことや福利厚生が充実している、男性の育休取得率が高いというような外向けの指標ではありません。

わたしたちの委員会で重視していることは、その企業の中において、構成メンバーの心を大事にした働き方を社内のみなさんで推進し、構築し、実現しているかどうかです。具体的には、**「自分や周りは働きがいを感じているか」「幸せを感じているか」「社会や周囲への貢献を感じているか」などをアンケート**

で調査し、それを「ホワイト企業指数」としています。

加えて、この指数だけで「ホワイト企業大賞」を決めるわけではなく、わたしたち委員が直接その企業やチームを訪問し、チームの雰囲気や文化を感じながら対話させていただき大賞などを決定します。これは、認知的になりがちなビジネスの現場で、非認知的な取り組みを行う企業とともに「ホワイト」の道を歩んでいく活動です。

このように**社員がイキイキ、のびのびと働いていると、その組織は持続可能に成長していきます。**このイキイキ、のびのびとした状態こそ、一人一人のウェルビーイングであり、ご機嫌に他なりません。

つまり、「ホワイト企業」とは、本書で述べているようなチームワークが機能し、非認知スキルを磨いている個人が集まる企業のあり方を指します。それは、ビジネスにおけるエクセレントチームの一例と言えるのです。

00 すべては自分から始まる

チームワークの大原則である「すべては自分から始まる」ということをさらに強調し、本文を終わりにしたいと思います。

組織が団体ではなくチームとして機能し、チームワークが生まれ、全体の共有レベルが高まり、良質な関係が築かれるには、個人にメスを入れ、一人一人にフォーカスしていかなければなりません。**チーム内に非認知思考を持った「◎」になっていける人材を採用し、その人たちを少しでも非認知スキルが磨いていけるように教育し、そのような「◎」の人がそのチームで評価されていくことが大切になります。それがチームがやれる唯一の仕組みです。**つまり、この現実での採用、教育、評価の仕組みです。

それ以外は、今いるあなたを含む個々のメンバーが、自分自身にフォーカス

図12 チームは個人のBX（脳の変革）から始まる

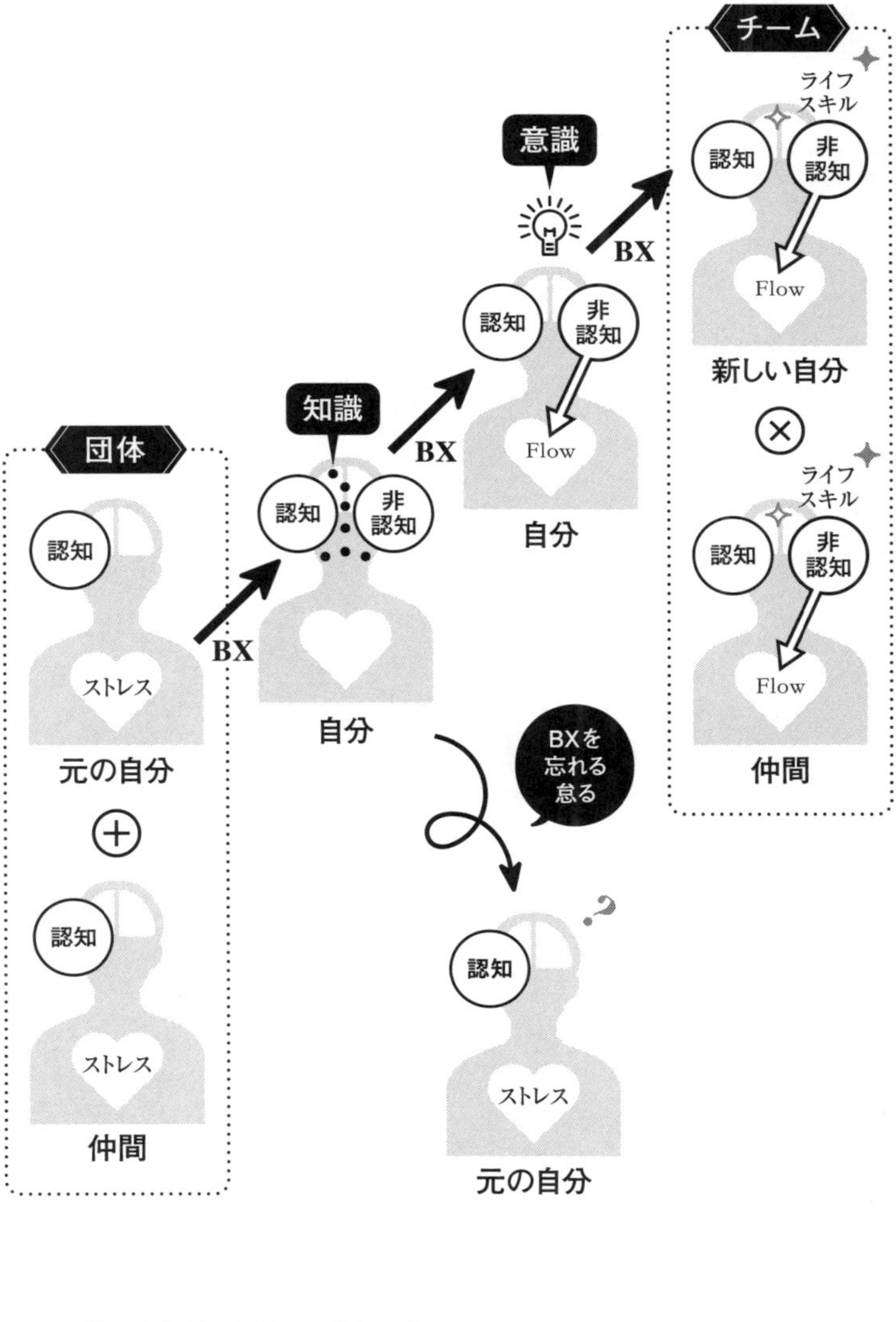

していかなければなりません。自分を見つめるということは、自分の脳の使い方を広げようとしていくことでもあります。そんな自分の変革（ＢＸ）から、内面やご機嫌、ウェルビーイングの価値を共有する仲間が少しずつ増え、そのような人たちのコミュニケーションによる共有が生まれ、そしてＢＸした者同士の関係の質が高まっていくことでしょう。そんな自分と仲間、自分とチームとのつながりを深く感じていれば、あなたは自分自身のチームをきっと今よりも愛していくことができるに違いありません。

最後に、自分をＢＸするために大切なことをまとめておきます。脳の中に新しい機能をアプリのようにインストールするにはどうしたらいいのでしょうか？　非認知思考を新たに自分のものにし、いつでもどこでもスキル化して働かせるには、次のプロセスが大切になります。

まずは非認知思考がどのようなものなのかをＰ１３７の図８にまとめた思考

内容で正確に理解します。これがファーストステップです。この思考は実生活に活かして初めて役に立つものなので、知識だけ持っていては意味がありません。それはまるで英語の勉強と英会話ができるのでは乖離があるのと似ています。英会話は文法から入るのではなく、とにかく理屈抜きに英語を話し英語を聴いて、伝わるという体感を得ることで脳の中にシナプスが形成されて次第に自動化していきます。これが知識を意識することに相当します。知っていても意識しなければ、自分の心の状態をフロー化するような変化は生じないのです。

非認知思考を意識したことにより、生み出された心の状態の変化というご褒美について、誰かにアウトプットして話すと脳の中にシナプスが形成されていくというのが脳の仕組みになります。**この知ったことを忘れず意識して、さらには体感を誰かに話すというプロセスを繰り返していくことで、再現性と自動化につながるスキルとなります。**いつでもどこでもこの非認知思考のライフスキルが働く自分づくり、すなわち、このプロセスがあなたにBXをもたらすことになるのです。

自分のBXに伴い、あなたのヘッドオフィスの機能に幅が広がって、自分自身を見る視点だけでなく、仲間を見る視点やチームを見る視点が変わってくるのです。これから始まるチームワークというオセロゲームを楽しめるようになるでしょうし、そのゲームに勝てる可能性も高くなるということなのです。

図13 BX（脳の変革）のためのステップ

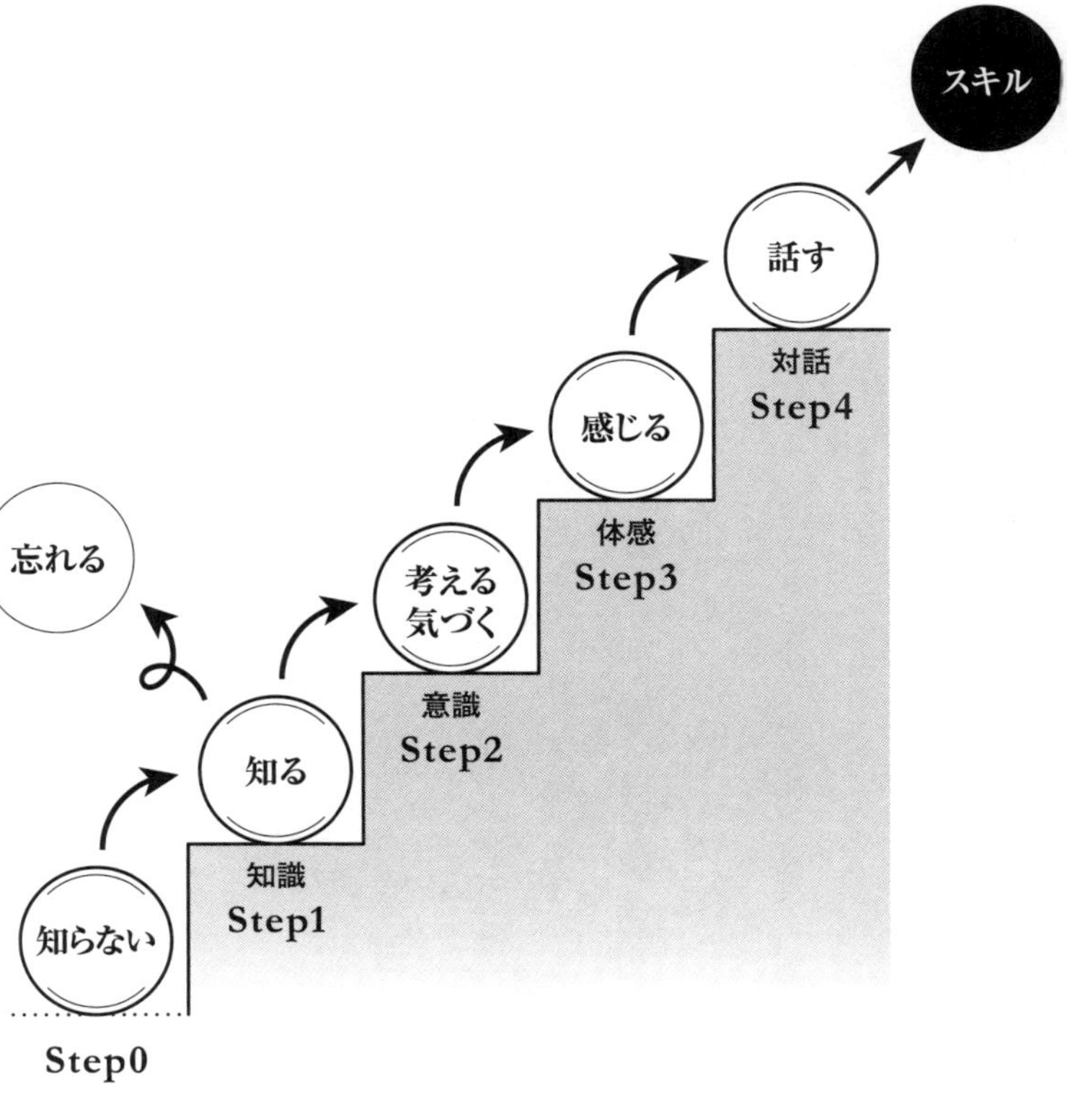

ワーク6

2-6-2のチーム現状と、自分自身を客観視してみよう！

それでは、「チームワークの大原則」に従い、あなたのチームについて客観視してみましょう。あなたと同じように、自分自身のためにBXを進め、どうせ生きるなら、どうせ働くなら、せっかくやるなら、質を重んじてご機嫌で行おうとする人々が組織に集まっています。こうした人たちを「初期変革者」と呼び、「Initial Innovator《イニシャル イノベーター》」や「Changer《チェンジャー》」と位置づけます。オセロゲームに例えれば、四隅の角《かど》にいようとする人々です。このような人たちは、今のあなたのチームの何割くらいを占めているでしょうか？　少なくても構いません。すべての始まりは小さな一歩からです。

次に、団体よりもチームとして機能し、エクセレントなチームづくりに取り組みたいと考えている人たちがいます。これらは「潜在的な共有者」と呼びます。また、その中には、「面倒だから周りがそうなるなら反対はしないけれど」といったスタンスの人たちも含まれます。この2番目と3番目の層をまとめた中間層は、実は組織の変革や文化、雰囲気を左右する重要な存在です。あなたのチームでは、これらの人たちはそれぞれ、何割を占めていますか？

そして、最後に残るのが、「質」や「心」、あるいは「ご機嫌」といった概念を受け入れたくない、変わりたくない人たちです。この層には3種類のタイプが存在します。実は、○、×、△のどのタイプにも、2割は初期変革者となる可能性のある人がいるのです。逆に、○、×、△の人の中にも、絶対に変わりたくない人もいるはずです。次頁の図14はそのイメージを示したものです。

組織は、認知脳と非認知脳の使い方を基準に、◎、○、×、△の4象限に分けられる構造を持っています。図14では、それらをさらに2-6-2で細かく分類してみました。組織変革の参考にしてみてください。

図14 組織変革における「2-6-2の法則」

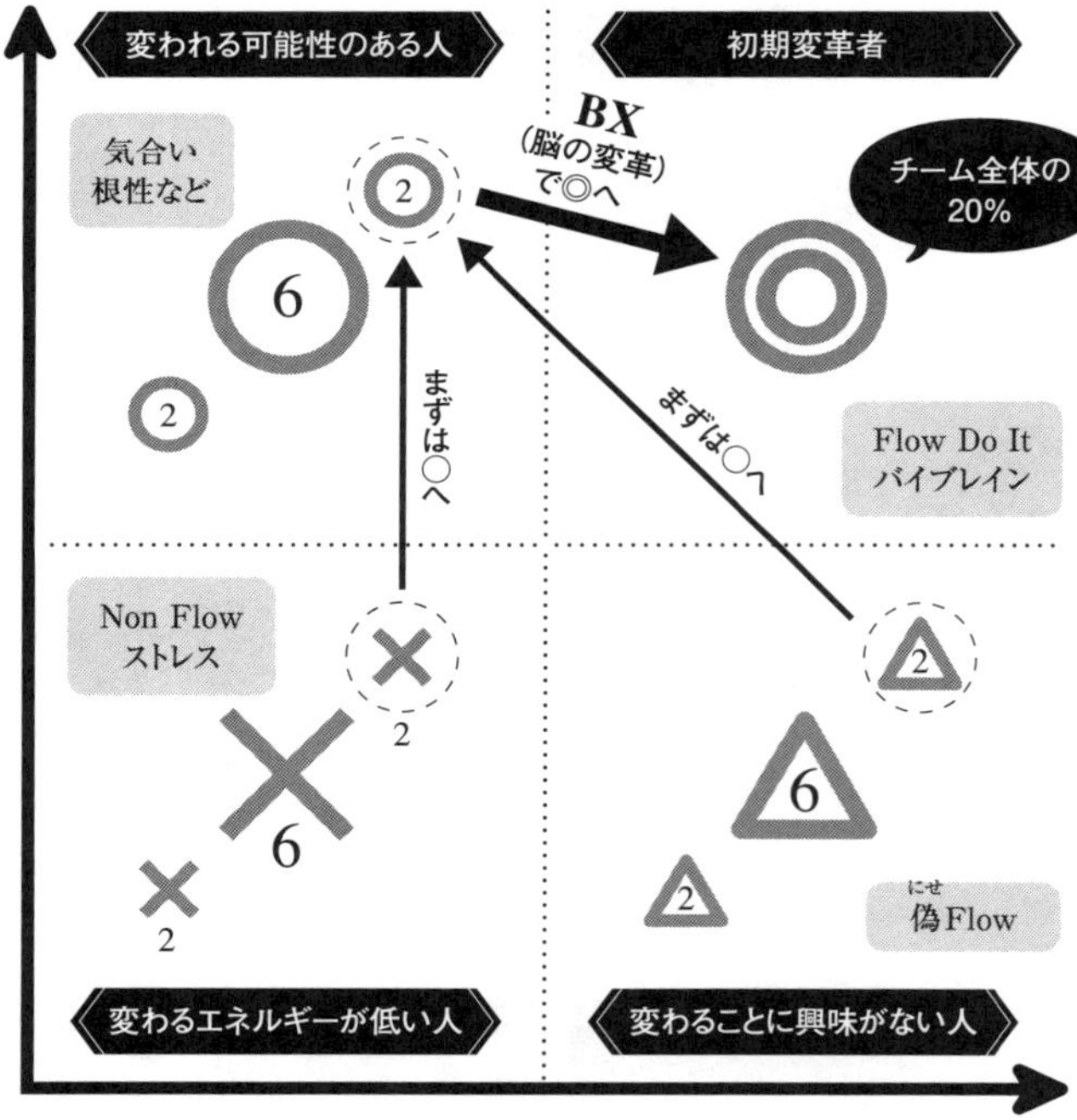

組織変革において、「○」「△」「×」の中でも変革に対する反応や柔軟性が異なります。ただし、BX（脳の変革）を開始し、「×」や「△」は「○」へ、「○」は◎に変わることがあります。

ワーク6の補足

ワーク6は、自分を棚に上げて構いませんので、感じたこと、思ったことを回答してください。これらのワークはチームや個人を評価するためのものではなく、自分や自分の組織を客観的に見るためのものです。自分自身がその仲間を探して見つけ、選びましょう。ご機嫌の価値を大切にしている人を選び、不機嫌に価値を見いだす人に無理にこの話をしようとする必要はありません。

もし今、仲間がいなくても大丈夫です。あなたが動けば、何かが始まります。すぐにゴールを目指すのではなく、組織のチーム化を少しずつ進めていきましょう。一人でも二人でも思い浮かぶ仲間がいれば、その人と話し、コミュニケーションを取ってください。まずは好きな食べ物の話でも十分ですし、どんなチームでありたいかを話しても構いません。自由にご自身が話したいことを共有してください。

P248の図を参考にして、あなたのチームの現状図を描いてみましょう。評価ではなく、組織を客観的に見てみてください。最後にあなたの現在地に☆印をつけてみましょう。

前頁で描いた☆（自分の位置）がなぜそこにあるのか、理由を書いてみましょう。また、どの位置にいきたいのか、理由とともに書きましょう。

P250で描いた図を参考に、周りにいる「○」の「◎」に変われる人や、仮に×や△でも、○に変われそうな人は誰なのか、考えてみましょう。本書の内容を遠慮なく話せる、一緒にFlow Do Itしたいと思える人を思い出してください。

おわりに

本書を最後までお読みいただきありがとうございます。わたしはビジネスやスポーツ、教育をはじめとした社会の中で、生まれたときからすべての人が何かしらのチームの一員としての道が始まっていると思っています。しかし、人は厄介で、人の仕組み、「ヒューマンリテラシー」を理解しておかないと、人間関係から面倒くさいことが始まり、チームよりも団体的な集合体で終わってしまうこともわかりました。すべては人の脳がそうさせていくのだということもわかりました。認知脳が進化し、教育されていく人間だけが、世界中に揉め事、ケンカ、いじめ、格差、戦争、などを生じさせているのです。

しかし、自分も含めて人間であることはやめられないのです。とすれば、自分の人生でさまざまな人と接して、何かしらの組織に所属するならば、「生きる」を司っている脳の働きを学び、器を広げてみるというのはいかがでしょうか？　認知脳は固定観念や常識・普通を自身の中に生み出すので、新しい脳の使い方を嫌います。しかし、非認知脳という人間にとっての非利き脳となる思考も意識して使うようになれば、自分という会社のヘッドオフィスで経営方針、すなわち生きる方針に幅が生じ始めるのです。脳の中の非認知部署をフル活動して、自分という会社経営を健全化するのです。それを本書ではBrain Transformation（ＢＸ）と呼んでいます。ＢＸは自分自身の脳変革です。

チームを変えたい人が自分のためにＢＸしていけば、そのような人同士でつくり出す関係や組織には必ず変化が起こることでしょう。非認知脳は内向きの脳なので、この脳が働いていないために、自分づくりも組織づくりも外へ外へと認知的に向かってしまうことになるのです。ＤＸが望まれるＡＩ時代になり、この認知的なやり方や仕組みや環境だけでは、エクセレントなチーム、ひいてはよい社会にはならないと断言できるでしょう。

チームの一員として、全員がまず自分にフォーカスできればいいのですが、残念ながらそうはいきません。他人、ましてや上司は変えられません。そこで本書で強調したいのは、ご縁をもって本書を手にしたあなた自身のＢＸにお役に立てれば、その一歩があなたの組織だけでなく、社会というチームの変革にもつながるのではないかとの思いです。オセロゲームのように楽しんでこのチームワークの大原則を実現していきましょう。それは長く続く道のりでもあり、エンドレスなゲームとなるでしょう。ゲームオーバーするよりも、そのゲームが続いていること自体が楽しいはずです。勝つや負けるというためのゲームではなく、そのゲームをプレイしていることに価値を重んじて、ご機嫌でプレイをともに楽しんでいきたいと思います。

本書を手に取って読んでいただいたみなさんにまずは心より感謝いたします。そして、チームワークの書籍を執筆したいと思っていたところにＷＡＶＥ出版の大井佐智さんよりお声かけいただきました。わたしのたくさんの注文にも丁寧に対応いただき、素晴らしい書籍が出来上がったことも彼女のおかげです。本当にありがとうございます。

２０２５年春

スポーツドクター　辻　秀一

辻 秀一（つじ しゅういち）

スポーツドクター。産業医。株式会社エミネクロス代表。北海道大学医学部卒業。慶應義塾大学病院にて内科研修。慶應義塾大学スポーツ医学研究センター勤務後に、人と社会のQOL向上を目指し株式会社エミネクロスを設立。応用スポーツ心理学をベースに、個人や組織のパフォーマンスを最適・最大化する、自然体な心の状態「Flow」すなわち「ご機嫌」を生み出すための非認知スキルのメンタルトレーニングを展開。クライアントは、オリンピアンやプロアスリート、音楽家やパフォーマー、さらに、企業の健康経営のサポートやフローカンパニー創りにも取り組む。著書に『スラムダンク勝利学』（集英社インターナショナル）、『自分を「ごきげん」にする方法』（サンマーク出版）、『「機嫌がいい」というのは最強のビジネススキル』（日本実業出版社）、『個性を輝かせる子育て、つぶす子育て』（フォレスト出版）他多数。
また、2025年4月から、非認知脳をBX（脳の変革）する対話型コミュニティ「BA（Brain Associate）」を開設する。

詳細はこちら

チームワークの大原則
「あなたが主役」で組織が変わる

2025年3月18日　第1版第1刷発行

著者　：辻 秀一
デザイン　：鈴木 大輔・江﨑 輝海・仲條 世菜（ソウルデザイン）
イラスト　：松尾 麗子
組版　：NOAH
校正　：株式会社ぷれす

発行所　：株式会社 WAVE 出版
〒136-0082　東京都江東区新木場1-18-11
E-mail　info@wave-publishers.co.jp
ホームページ　https://www.wave-publishers.co.jp

印刷・製本　：中央精版印刷株式会社

NDC336　255P　19cm　ISBN978-4-86621-504-4